DEUTSCHE KOLONIAL-BIBLIOTHEK

Große illustrierte Geschichte von Kiautschou

Postkarte des Kolonialkriegerdankes

DEUTSCHE KOLONIAL-BIBLIOTHEK

Große illustrierte Geschichte von Kiautschou

von
Dirk Bittner

M
© Melchior Verlag
Wolfenbüttel
2012
ISBN: 978-3-942562-61-4
www.melchior-verlag.de

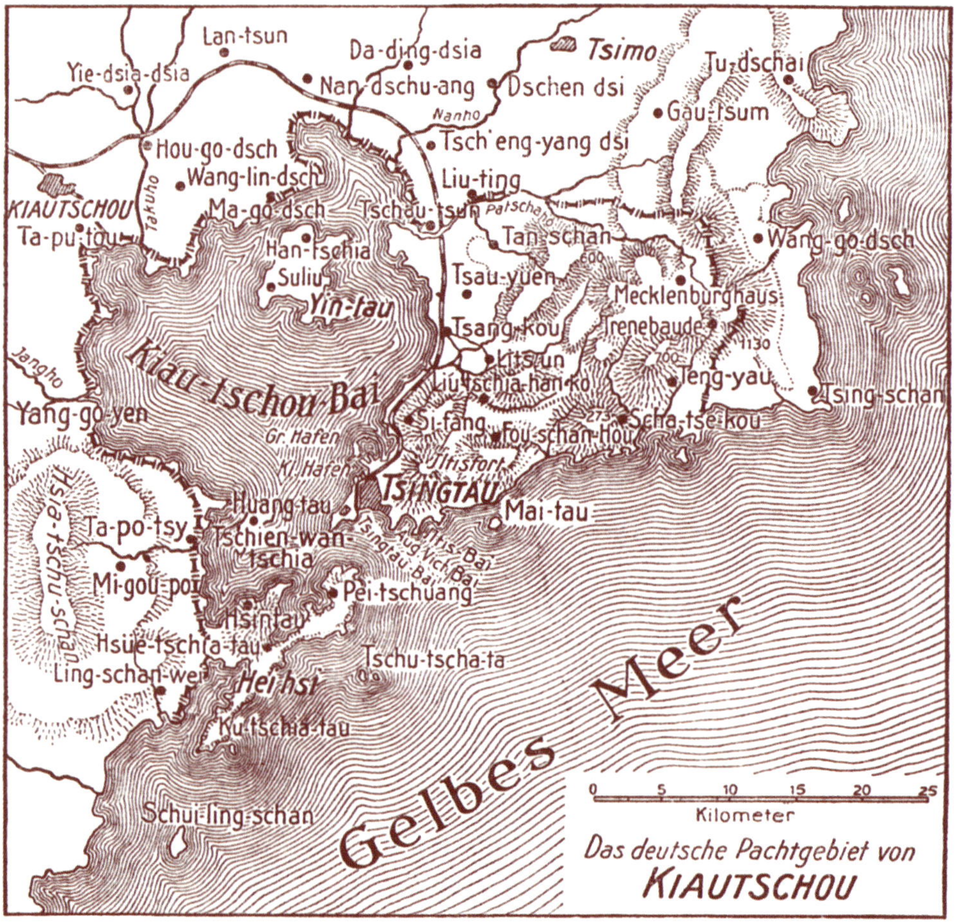
Lan-tsun
Da-ding-dsia
Tsimo
Tu-dschai
Yie-dsia-dsia
Nan-dschu-ang
Dschen dsi
Nanho
Gau-tsum
Hou-go-dsch
Tsch'eng-yang dsi
Wang-lin-dsch
Liu-ting
KIAUTSCHOU
Takuho
Ma-go-dsch
Tschau-tsun
Patschaho
Ta-pu-tou
Tan-schan
Wang-go-dsch
600
Han-tschia
Suliu
Tsau-yuen
Yin-tau
Mecklenburghaus
Tsang-kou
Irenebaude
1130
Kitsun
700
Jangho
Kiau-tschou-Bai
Liu-tschia-han-ko
Teng-yau
Tsing-schan
Yang-go-yen
Si-fang
275
Scha-tse-kou
Gr. Hafen
Fou-schan-Hou
Iltisfort
Kl. Hafen
TSINGTAU
Hsia-tschu-schan
Huang-tau
Mai-tau
Ta-po-tsy
Tschien-wan-tschia
Iltis-Bai
Tsingtau-Bai
Mi-gou-poi
Pei-tschuang
Hsintau
Hsüe-tschia-tau
Tschu-tscha-ta
Ling-schan-wei
Hei-hsi
Ku-tschia-tau
Gelbes Meer
Schui-ling-schan
0 5 10 15 20 25
Kilometer
Das deutsche Pachtgebiet von
KIAUTSCHOU

„Tsingtau war eine aufblühende deutsche Handelskolonie, von den Chinesen geschätzt und bewundert, und viele Chinesen wirkten in ihr mit. Es war gewissermaßen ein großes Musterlager deutschen Könnens und deutscher Leistungen zur Auswahl und Nacheiferung für die Chinesen, die Deutschland, seine Leistungsfähigkeit und Produkte vorher nicht gekannt hatten; ein Gegensatz zu den militärischen, auf Beherrschung und Eroberung gerichteten Flottenbasen Russlands und Englands."

Kaiser Wilhelm II.

Chinesische Schauspieler

Inhaltsverzeichnis

KIAU-TSCHOU

DIE VORGESCHICHTE DES SCHUTZGEBIETES

Schon früh waren deutsche Fernhändler im asiatischen Raum unterwegs. Während des 18. Jahrhunderts betrieben Schiffe der preußischen Emder Ostasiatischen Handelskompanie Seehandel mit China. Der Besuch des Vollschiffs „Meteor“ der staatlichen Preußischen Seehandlung in Ostasien im Jahr 1822 bedeutete den Beginn regelmäßiger Schifffahrtsverbindungen in diese Region.

Ein grundlegender Wandel trat Mitte des 19. Jahrhunderts ein. Nach dem Ersten Opiumkrieg erzwang Großbritannien von China 1842/43, in den Verträgen von Nanking und Hoomunachi, die Öffnung von fünf Häfen für den Außenhandel, die Einführung eines geregelten Zollsystems sowie eine garantierte Gleichbehandlung aller Nationen in Handelsangelegenheiten. Infolge dieser Ereignisse richtete sich auch der Blick deutscher Kaufleute verstärkt auf das asiatische Großreich, denn hier ergab sich ein gigantischer neuer Absatzmarkt.

Seit 1845 entstanden in Kanton verschiedene deutsche Handelshäuser. Zu den Gründern zählten etwa Wilhelm Carl Engelbrecht Pustau, Georg Theodor Siemssen oder Richard von Carlowitz. Bereits nach kurzer Zeit stieg das 1846 von Siemssen gegründete Handelshaus „Siemssen & Co.“ zu einem der führenden Geschäftshäuser in Ostasien auf.

Bald verlangten deutsche Kaufleute und Handelskammern von ihren Regierungen diplomatische und politische Schritte zur Absicherung des eigenen Anteils am Chinahandel, wobei man im besten Fall an den Abschluss von Handelsverträgen dachte.

Jedoch blieben die deutschen Staaten – in erster Linie wurden Preußen und die Hansestädte mit diesen Angelegenheiten konfrontiert – hier lange zurückhaltend. Man fürchtete Interessenkonflikte mit der Seemacht Großbritannien, der man mangels einer eigenen schlagkräftigen Flotte nichts entgegensetzen konnte.

Immerhin hatte eine Petition deutscher Kaufleute im Jahr 1847 die Ernennung Richard von Carlowitz’ zum preußischen Konsul in Kanton zur Folge, womit einer gewünschten eigenen Vertretung vor Ort zumindest teilweise entsprochen wurde. Preußen zeigte damit bereits seinen Führungsanspruch in Deutschland an. Auch die Hansestädte und andere deutsche Länder reagierten darauf bald mit der Berufung eigener Konsuln in China.

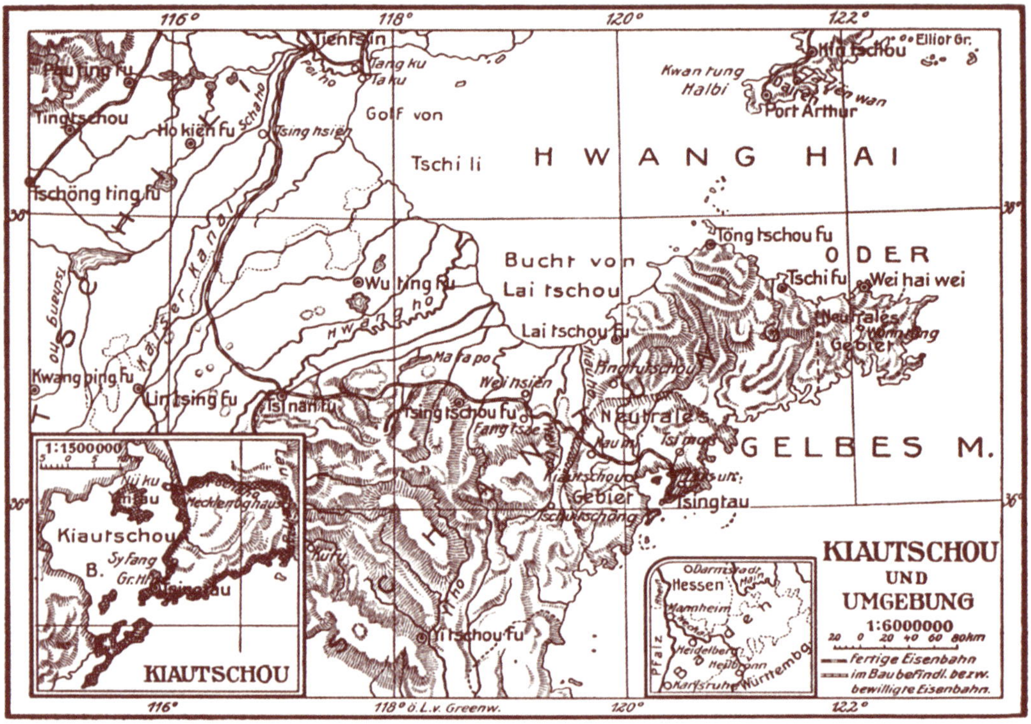

Die chinesische Provinz Schantung mit der Bucht von Kiautschou

Für eine Bündelung der gemeinsamen Interessen bezüglich des Ostasienhandels war es angesichts der politischen Lage der im Deutschen Bund nur lose zusammengeschlossenen Staaten jedoch noch zu früh.

Nach wie vor waren die eigenen Handelsschiffe, etwa was den Schutz gegen Seeräuber anbelangte, auf die Hilfe fremder Seestreitkräfte, vor allem der britischen Royal Navy, angewiesen, da kein deutsches Land – mit Ausnahme Österreichs – über eine größere Marine verfügte.

Allerdings sollte sich dies ändern, als Preußen in den fünfziger Jahren des 19. Jahrhunderts mehr und mehr darauf bedacht war, als Vertreter Deutschlands im In- und Ausland hervorzutreten, und dazu eine eigene Flotte aufbaute. Nicht zuletzt durch eine Protektion des an Bedeutung gewinnenden Chinahandels wollte Berlin seine Führungsrolle in Deutschland vollends betonen.

So kam es in den Jahren 1860 bis 1862 erstmals zur Entsendung eines preußischen Flottenverbandes in den Fernen Osten. Das Geschwader setzte sich aus den Kriegsschiffen „Arcona“, „Thetis“ und „Frauenlob“ zusammen, und unterstand dem Grafen Friedrich Albrecht zu Eulenburg. Er hatte den Auftrag, China, Japan und Siam aufzusuchen, Handelsverträge einzugehen und die militärische Unterstützung der deutschen Interessen vor Ort zu unterstreichen. Auch dachte man bereits an eine wissenschaftliche und kommerzielle Erforschung der betreffenden Länder sowie an die Errichtung eines Flottenstützpunktes zur weiteren Sicherung des Handels, wobei die Erwerbung Hongkongs durch Großbritannien 1842 als Vorbild gesehen wurde.

Zunächst verlief die Expedition wenig glücklich, denn der Verband geriet Anfang September 1860 vor Yokohama in einen Taifun und S.M.S. „Frauenlob“ sank mit der gesamten Besatzung. Die übrigen Schiffe verblieben in der Region und am 2. September des folgenden Jahres gelang der Abschluss eines „Freundschafts-, Handels- und Schifffahrtsvertrages“ mit der chinesischen Regierung.

Kampf eines deutschen Handelsschiffes mit einer chinesischen Piratendschunke

Die Ostseite der Bucht von Kiautschou

Dabei wurde auch die Einrichtung einer preußischen Gesandtschaft in Peking beschlossen, die 1865, unter der Leitung Guido von Rehfues', ihre Tätigkeit aufnehmen sollte.

Hingegen ließ sich der Gedanke eines preußischen Stützpunktes in Ostasien vorerst nicht realisieren, denn man verfügte noch in keinster Weise über die nötigen Mittel, um solches durchsetzen zu können. Immerhin hatte das Geschwader während der Reise entlang der chinesischen Küste auch bereits die Bucht von Kiautschou entdeckt.

Insbesondere der die Expedition begleitende Geograph und Geologe Ferdinand Freiherr von Richthofen erkannte, dass dieser Platz eine wertvolle strategische Basis abgeben könnte, und wies in der Folgezeit wiederholt darauf hin. Somit war die spätere Entwicklung von diesem Zeitpunkt an gewissermaßen vorgezeichnet.

In den nächsten Jahren unternahm Richthofen weitere Forschungsreisen nach Ostasien und publizierte mehrere bedeutende Werke, vor allem über China. Gerade durch die Ergebnisse seiner Reisen und die darauf begründeten Studien sollte das deutsche Chinabild des späten 19. Jahrhunderts entscheidend geprägt werden.

Felsental im Lauschangebirge bei Kiautschou

Bald nach der Rückkehr von Eulenburgs Fernostexpedition nach Deutschland wurden Stimmen laut, die ein verstärktes Engagement in Ostasien und die ständige Stationierung eines deutschen Flottengeschwaders dort forderten.

1869 entsandte der unter Preußens Führung neu gegründete Norddeutsche Bund wieder Schiffe in asiatische Gewässer. Zwei Korvetten wurden mit Einverständnis Großbritanniens in Singapur stationiert und sollten fortan zum Schutze deutscher Handelsinteressen das Seegebiet bis zu den Kurilen kontrollieren. Damit war eine langfristige deutsche Marinepräsenz in Fernost, die sogenannte „Ostasiatische Schiffsstation“, bereits verwirklicht worden.

Dennoch blieb das Engagement des aus dem Norddeutschen Bund hervorgegangenen Deutschen Kaiserreiches in den Jahren nach 1871 hier eher beschränkt. Die „Ostasiatische Schiffsstation“ umfasste nur einige wenige Schiffe. Stattdessen förderte man den Chinahandel seit den frühen siebziger Jahren durch den Aufbau einer größeren Handelsflotte und die Etablierung eines regelmäßigen Linienverkehrs nach Ostasien.

Deutsches Schiff vor Kiautschou

Marine-Infanterie

Von links nach rechts: Unteroffizier im Dienst-Anzug, Hornist im Parade-Anzug, Stabsoffizier im Parade-Anzug, Premierleutnant im Überrock

Zwar wurden die im Fernen Osten stationierten deutschen Kriegsschiffe seit Beginn der achtziger Jahren auch vermehrt als außenpolitisches Instrument genutzt, aber lediglich in einem Rahmen, der Konflikte mit anderen Großmächten weitgehend ausschloss. Ein wesentliches Betätigungsfeld des deutschen Geschwaders waren gezielte Strafexpeditionen gegen Seeräuber.

Erst nach 1890 lebte der – zeitweise zurückgestellte – Wunsch nach einem festen Stützpunkt in Ostasien in der Öffentlichkeit wieder auf, wofür es verschiedene Gründe gab:

Zum einen wuchs die Bedeutung des chinesischen Marktes für die deutsche Wirtschaft mehr und mehr. 1897, im Jahr der Inbesitznahme Kiautschous, belief sich der deutsche Handel mit China bereits auf 80 Millionen Mark, während der Gesamthandel mit den erworbenen Schutzgebieten in Afrika gerade einmal 35 Millionen ausmachte. China galt

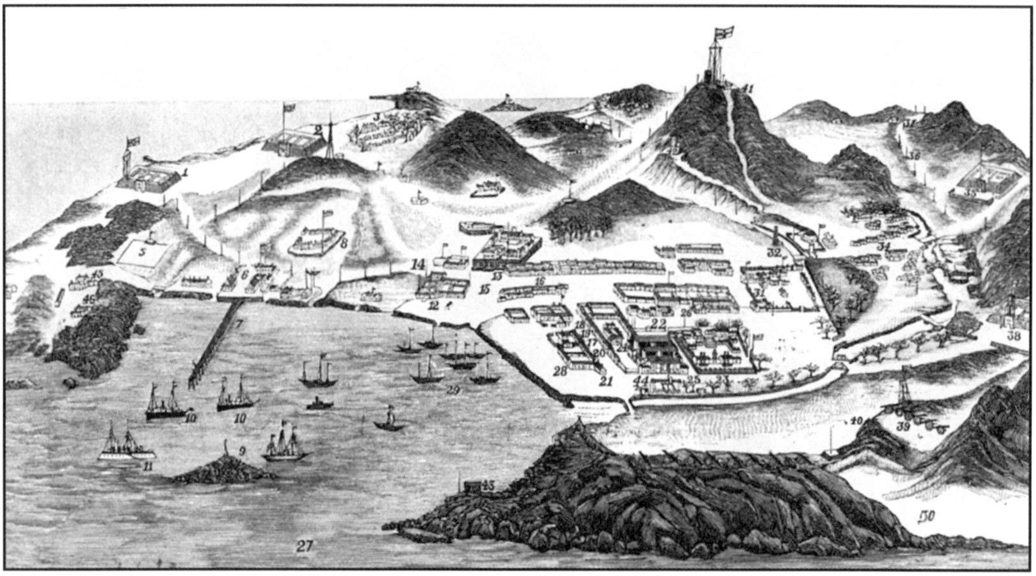

Panorama des Dorfes Tsingtau an der Bucht von Kiautschou

jetzt als wichtigstes außereuropäisches Handelsgebiet. Daher erschien die Errichtung eines festen Stützpunktes dort, der mit seinen Verkehrsadern die Provinzen des Reiches der Mitte für den deutschen Markt weiter erschließen konnte, nun wichtiger denn je. Immerhin mussten für die stetig wachsende deutsche Industrie neue gewinnbringende Absatzgebiete ermittelt werden.

Weiterhin vollzog das deutsche Kaiserreich nach dem Herrschaftsantritt Wilhelms II. zunehmend den Übergang von einer bisher eher europäisch-kontinentalen Ausrichtung zur globalen Weltmachtpolitik, wobei als militärische Stütze eine neu zu schaffende Hochseeflotte dienen sollte. Als ein Grundpfeiler dieser anzustrebenden Seemacht galt auch das bereits bestehende Ostasiengeschwader.

Die Hochseeflotte hatte im Frieden den eigenen Interessen Nachdruck zu verleihen und im Kriegsfall die deutschen Handelswege zu schützen sowie die gegnerischen zu stören. Ein möglichst umfassendes Netz globaler Marinestützpunkte war nach Ansicht der deutschen Führung allerdings eine Voraussetzung für solche Pläne.

Vor allem sollten die deutschen Kriegsschiffe in Fernost, was Reparaturmaßnahmen und Brennstoffversorgung anbelangte, nicht länger auf englische und japanische Häfen angewiesen sein, ein Zustand der zumeist mit langen Wartezeiten, hohen Kosten und bedeutenden Risiken in Zeiten politischer Krisen verbunden war. Hans Weicker berichtet dazu in seinem Werk über Kiautschou:

„Wir wollten einen Platz haben, wo wir Vorräte zur Schiffsausrüstung lagern konnten, wo die Schiffe unseres Kreuzergeschwaders jederzeit ungestört kohlen und reparieren, wo die Besatzungen der Schiffe sich heimisch fühlen konnten." (Hans Weicker: Kiautschou. Das deutsche Schutzgebiet in Ostasien, Berlin 1908, S. 200.)

Natürlich ging es nicht zuletzt um den machtpolitischen Wettbewerb mit den übrigen Großmächten. Gerade im letzten Jahrzehnt des 19. Jahrhunderts steigerte sich der internationale Konkurrenzdruck in Ostasien noch einmal.

Was Großbritannien in Hongkong, Frankreich in Tonking und Russland in der Mandschurei erreicht hatte, nämlich den Aufbau einer festen Basis im chinesischen Raum, das musste auch Deutschland endlich anstreben, wenn es dort zukünftig eine entscheidende Rolle spielen wollte.

Der anzustrebende Marinestützpunkt musste ferner die Voraussetzungen eines rentablen Handelsplatzes erfüllen, damit sich die Anlagekosten langfristig bezahlt machten. Zudem sollten die Interessengebiete der anderen Großmächte möglichst unberührt bleiben.

Schließlich wurden vor allem drei Orte in die nähere Auswahl genommen: Der Hafen von Amoy, die Samsah-Bucht und die Kiautschou-Bucht.

Amoy, an der Straße von Formosa gelegen, mit dem deutschen Konsulat

An Bord eines deutschen Kriegsschiffes in Ostasien

Von links nach rechts: Fähnrich zur See, Seekadetten im Ausgeh- und Exerzieranzug, Konteradmiral im Jackett, Marineingenieur im Tagesanzug, Oberleutnant zur See im Dienstanzug, Korvettenkapitän im Tropenanzug, Oberleutnant der Marine-Infanterie in Messejacke, Kapitänleutnant, Offizier in Ölzeug

Amoy galt als einer der besten Häfen Chinas und war ein alter Handelsplatz, an der Straße von Formosa gelegen. Jedoch hatte er den Status eines allen Nationen offenen Vertragshafens, was eine Inbesitznahme wesentlich erschwerte. Dagegen war die nördlich von Futschou gelegene Bucht von Samsah noch wenig erkundet und dem Handel bisher kaum geöffnet.

Im Falle Kiautschous hatte Russland bereits Ansprüche geltend gemacht und die Bucht als Winterstation für seine Kriegsschiffe genutzt. In der britischen Presse wurde sogar gemutmaßt, die russische Regierung hätte Kiautschou schon per Geheimabkommen von China erworben. Man riskierte hier also einen Konflikt mit dem Zarenreich. Andererseits befand sich dieses Gebiet schon lange im Blickpunkt der deutschen Interessen.

Die Bucht von Kiautschou beherbergte den nördlichsten Hafen Chinas, der den ganzen Winter über eisfrei blieb, und gewährte auch größeren Seeschiffen Zugang. Gleichzeitig lag das Gebiet nördlich genug, um von den jährlichen Taifunen verschont zu werden, jenen verheerenden Wirbelstürmen, die südlich von Schantung wiederholt enorme Schäden anrichteten. Zudem konnte das Gebiet infolge der natürlichen Gegebenheiten leicht durch Verteidigungsanlagen gesichert werden.

„Besitzergreifung!" Eigenhändiges Bild Kaiser Wilhelms II. zur Besetzung der Bucht von Kiautschou

Befehlskräfte der Marine

Von links nach rechts: Korvettenkapitän im Jackett, Fregattenkapitän im Dienstanzug, Kapitänleutnant in Großer Uniform, Vizeadmiral in Großer Uniform, Oberleutnant zur See im Überzieher, Leutnant zur See im Tropenanzug

In wirtschaftlicher Hinsicht bot das weite Hinterland der Provinz Schantung mit seiner bäuerlichen Bevölkerung – als potentiellem Abnehmer für europäische Handwerkserzeugnisse – sowie den reichen Kohle- und Eisenerzlagern gute Perspektiven, sobald es durch Eisenbahnlinien erschlossen war. Der Anreiz stieg noch, als China Mitte der neunziger Jahre auch in den etwas entfernter gelegenen Städten Tientsin und Hankou Handelsniederlassungen zuließ, die langfristig durch Bahnstrecken mit Kiautschou verbunden werden konnten.

Entscheidend für den weiteren Gang der Ereignisse wurde schließlich der Konflikt zwischen China und Japan in den Jahren 1894/95. Japans Anspruch auf das noch unter Chinas Oberhoheit stehende Korea führte zu einem Krieg, der mit einer vernichtenden Niederlage der chinesischen Streitkräfte endete und deren Ohnmacht offenbarte. Im anschließenden Frieden von Shimonoseki verlor das Reich der Mitte nicht nur die Hegemonie über Korea, es musste auch auf Formosa und die Pescadores-Inseln verzichten, eine hohe Kriegsentschädigung zahlen und Japan weitreichende Handelsvergünstigungen einräumen. Zudem forderten die Japaner die Abtretung der strategisch bedeutsamen Halbinsel Liaotung. Hier griffen jedoch Deutschland, Frankreich und Russland zugunsten des chinesischen Reiches ein und zwangen die Siegermacht zum Einlenken, da das politische Gleichgewicht in Ostasien auf dem Spiel stand. Als Gegenleistung für diese Intervention zugunsten Chinas verlangte die deutsche Reichsregierung jetzt offen die Überlassung eines Stützpunktes für die eigene Flotte. Hinter dieser Forderung standen vor allem die führenden Vertreter des Reichsmarineamtes, die Vizeadmiräle Alfred von Tirpitz und Friedrich Hollmann, aber auch Max von Brandt, der deutsche Gesandte in Peking. Man entschied sich endgültig für Kiautschou.

Tirpitz beauftragte im Juli 1896 den Kommandanten von S.M.S. „Iltis", Kapitänleutnant Otto Braun, die Bucht von Kiautschou zu erkunden, sein Schiff kenterte allerdings infolge eines Taifuns. Nur wenige Monate später wurde dann Geheimrat Georg Franzius entsandt, mit dem Auftrag, ein wasserbautechnisches Gutachten über das besagte Gebiet einzuholen und letzte Prüfungen bezüglich seiner Eignung als Hafen durchzuführen. Von nun an war man in Deutschland fest entschlossen, die nächstbeste Gelegenheit zu nutzen, um sich die Bucht von Kiautschou anzueignen, wenn nötig auch mit militärischen Mitteln.

Landung in der Bucht von Kiautschou

S.M.S. „Iltis“ – gestrandet am 23. Juli 1896 vor Kiautschou

Die Katastrophe von S.M.S. „Iltis“

Zum deutschen Ostasiengeschwader gehörte auch das Kanonenboot S.M.S. „Iltis“, das Mitte der neunziger Jahre des 19. Jahrhunderts im Pazifik Stationsdienst versah. „Iltis“ war am 18. September 1876 auf der Kaiserlichen Werft in Danzig vom Stapel gelaufen.

Als Drei-Mast-Barkentine, mit einer Segelfläche von 541 m², verfügte das Schiff über zwei Dampfmaschinen, die eine Geschwindigkeit von bis zu 9,5 Knoten ermöglichten. Als Bewaffnung dienten, neben drei 3,7-cm-Revolverkanonen, zwei 12,5-cm-L/23- und zwei 8,7-cm-L/24-Ringgeschütze. Bei 47 m Länge, 7,70 m Breite und 3,50 m Tiefgang verdrängte S.M.S. „Iltis“ maximal bis zu 570 Tonnen. Die Besatzung bestand aus 80 bis 85 Mann.

Auf Weisung von Vizeadmiral Alfred von Tirpitz sollte Kommandant Otto Braun mit S.M.S. „Iltis“ im Juli 1896 die Bucht von Kiautschou ansteuern und erkunden, inwieweit sie sich für die Einrichtung eines Flottenstützpunktes eignete. Dabei geriet das Schiff am 23. Juli, nahe dem Kap Schantung, in einen Taifun und strandete.

„Bei Sonnenaufgang lichtet der „Iltis“ am 23. Juli 1896 die Anker und verlässt den Hafen von Tschifu (Yantai in Schantung) zur Erkundungsfahrt. Die See ist stürmisch und die Luft diesig. Am Nachmittag wird der „Iltis“ vom Leuchtturm von Schantung gesichtet, wie er unter Sturmsegeln das Kap rundet und dann südwärts steuert. Der Sturmwind versteift sich mehr und mehr, schwillt zum Orkan an. Tiefe Wolken jagen dahin und vereinen sich mit dem Gischt des aufgewühlten Ozeans zu einem Chaos. Mit wildem Geheul hat der Orkan das kleine Schiff gepackt, wirft es wie eine Nussschale hin und her, rüttelt an seinen Masten und singt und pfeift durch die gestrafften Wanten. Kein Stern leuchtet am Himmel, kein Leuchtfeuer blinkt durch die schwarze Sturmnacht, die eine Orientierung ermöglicht hätten. Der Kurs auf der Karte führt zwar klar von allen Riffen und Untiefen, aber ist es möglich, den Kurs bei dem Wüten des Orkans richtig zu steuern?

Es ist zehn Uhr dreißig. Ein gellender Ruf schallt durch die Nacht: „Brandung voraus!“ Zu spät! Ein fürchterlicher Stoß erschüttert das Schiff, ein zweiter folgt. Weißschäumende, brüllende Brandung ringsum. Greifbar nahe scheinen die Felsen. Hagel und Regenschauer prasseln nieder. Der Maschinenraum läuft voll Wasser. Der „Iltis“ ist verloren. Der Schiffsrumpf stöhnt in allen Fugen. Dann ein fürchterliches Krachen – das Wrack ist in der Mitte geborsten.

Untergang von S.M.S. „Iltis“ vor der chinesischen Küste

Das Vorschiff sitzt fest auf dem Riff und neigt sich zur Seite, während das Achterschiff in das tosende Element zurückgeschleudert wird. Nur die festen Wanten der Takelage verbinden noch die beiden Teile. Eine mächtige See rollt heran und wirft das Achterschiff an das Vorschiff. Leuchtraketen steigen zum Himmel und werfen für kurze Zeit ihr fahles Licht auf das grausige Bild der Katastrophe. Hier kann niemand helfen. In dieser Todesstunde ertönt die schöne Stimme des Oberfeuerwerksmaats Raehm, und andere fallen ein. Durch das Tosen der Brandung und Heulen des Orkans schallt es hinaus in die Nacht: „Stolz weht die Flagge Schwarz-Weiß-Rot von unsres Schiffes Mast."

Dann bricht das Lied plötzlich ab: Das Hinterschiff ist gekentert. Über das Vorschiff schäumt die Brandung und brechen die Wellen, holen einen nach dem anderen, Mann für Mann. Nur in den Wanten des Fockmastes hängen neun Matrosen, als letzte der Besatzung. Endlich graut der Morgen. Der Orkan tobt weiter. Ein qualvoller Tag vergeht. Und noch eine Nacht. Jetzt ist die Gewalt des Orkans gebrochen. Die Wogen verlieren ihre Kraft, das Meer glättet sich mehr und mehr. Nun, am zweiten Tag, ist es Chinesen möglich, mit ihrem Sampan (Ruderboot) heranzukommen und die erschöpften Männer zu bergen. Diese neun Matrosen und noch drei, die von der Brandung an das Ufer geschleudert wurden, sind die einzig Überlebenden der Besatzung von dreiundachtzig Mann.

Ganz nahe der Bucht von Kiautschou hat der „Iltis" sein Grab gefunden, dieser Bucht, die er erkunden sollte für Deutschland. Nun sind die Blicke in der fernen Heimat auf diese Bucht gerichtet, und der Name Kiautschou ist in aller Mund." (nach: Walter von Schoen, Deutschlands Kolonialweg. Die Geschichte unserer Schutzgebiete, Berlin 1939, S. 84–86.)

71 Besatzungsmitglieder kamen beim Untergang des Schiffes ums Leben, 27 tote Seeleute gab das Meer wieder frei. Sie fanden auf dem neuangelegten Iltis-Friedhof bei Tsingtau ihre letzte Ruhestätte. Ihnen zu Ehren errichtete der Berliner Bildhauer August Kraus im Auftrag der Auslandsdeutschen in Schanghai ein großes Denkmal, das am 21. November 1898 im Beisein des Prinzen Heinrich von Preußen feierlich enthüllt, im Ersten Weltkrieg allerdings bereits wieder zerstört wurde.

Die Schiffsglocke von S.M.S. „Iltis" befindet sich heute im Wehrgeschichtlichen Museum Rastatt.

Deutsche Marine-Feldbatterie im Kiautschougebiet

DIE ERRICHTUNG DES SCHUTZGEBIETES

Als am 1. November 1897 zwei Mitglieder der deutschen Steyler Mission in Schantung ermordet wurden, bot sich für Kaiser Wilhelm II. ein gegebener Anlass, die Bucht von Kiautschou im Handstreich besetzen zu lassen. Bereits sechs Tage später erging an den Chef des Ostasiengeschwaders, Vizeadmiral Otto von Diederichs der Befehl, die Besetzung zu vollziehen. Deutsche Marine-Infanterie landete am 14. November in der Bucht und nahm sie kampflos ein. Georg Franzius schildert die Vorgänge in seinem Werk über Deutschlands fernöstliche Erwerbung ausführlich:

„Im Sommer 1897 war die deutsche Regierung nunmehr entschlossen, die Erwerbung der Bucht von Kiautschou als Stützpunkt der Marine und als Eingangstor zu dem großen nordchinesischen Markt mit allen Kräften zu erstreben. Wie lange sich die Verhandlungen darüber hinziehen würden, war freilich nicht abzusehen, weil die chinesische Regierung die Angelegenheit unter allen möglichen Vorwänden in die Länge zu ziehen suchte.

Da trat ein an sich sehr beklagenswertes Ereignis ein, das aber eine rasche, glückliche Lösung der Frage zur Folge haben sollte. Am 1. November wurden die deutschen Missionare von der Mission Süd-Schantung Nies, Henle und Stenz, welche in dem nahe bei Ientschoufu gelegenen Orte Tschangtjatschuang gemeinsam den Allerseelentag feiern wollten, nachts von etwa 20 bis 30 bewaffneten Chinesen überfallen und die beiden ersteren ermordet, während Stenz durch einen Zufall dem Tode entging. Hatten die Missionare schon seit langer Zeit unter dem Hass und Übelwollen der höchsten Provinzialbeamten zu leiden gehabt, welche auch die begründetsten Beschwerden ganz unberücksichtigt ließen, so war jetzt die Notwendigkeit größeren Schutzes für die Missionsanstalten in der Provinz Schantung vor der chinesischen Bevölkerung nur zu deutlich nachgewiesen.

Seine Majestät Kaiser Wilhelm II. forderte nicht allein die sofortige strengste Sühne für das Verbrechen, sondern ergriff mit kühner und starker Hand die Gelegenheit zur Beschleunigung der mit China schwebenden Verhandlungen und beseitigte gleichzeitig durch persönliche Verständigung mit dem Kaiser von Russland die einzigen noch vorhandenen ernstlichen Schwierigkeiten. Die jetzt unter dem Kommando des Kontreadmirals von Diederichs stehende Kreuzerdivision erhielt den Befehl zur Besetzung der Bucht als Bürgschaft für die Erfüllung der deutschen Forderungen, und so gingen denn S.M.S. „Kaiser“, „Prinzess Wilhelm“ und „Cormoran“ am 10. November von Schanghai nach Kiautschou in See.

Hauptquartier General Changs in Tsingtau

Am 13. wurde der Zweck der Fahrt auf den Schiffen bekannt gemacht und mit Begeisterung aufgenommen. Endlich war man ja an das Ziel gelangt, das nun schon seit Jahren unter den Admiralen Hoffmann und Tirpitz mit Aufbietung aller Kräfte rastlos gesucht war und für welches so viele brave Kameraden auf S.M.S. „Iltis" als Helden den Tod gefunden hatten. Am Sonntag den 14. November erfolgte die Besitzergreifung. „Kaiser" und „Prinzess Wilhelm" gingen in der kleinen Bucht von Tsingtau vor Anker, um ihre hier an der Brücke landenden Truppen zu decken, während „Cormoran" in die Bucht von Kiautschou bis zum Horseshoe-Riff lief, um den chinesischen Truppen von Norden her in den Rücken zu fallen und besonders die Munitionshäuser zu besetzen.

Das aus 30 Offizieren, 77 Unteroffizieren und 610 Mann bestehende Landungskorps war überrascht, an Lande nicht den geringsten Widerstand, sondern eine chinesische Ehrenkompanie zum Empfang aufgestellt zu finden. Noch überraschter aber waren dann die 1.600 bis 2.000 Mann zählenden Chinesen, als sie plötzlich ihre Munitionshäuser und Lager von unseren Truppen besetzt sahen, während ihrem General Chang ein Schreiben des deutschen Admirals überreicht wurde, worin dieser ihn unter Hinweis auf den Anlass zur Besetzung der Bucht aufforderte, seine Truppen innerhalb dreier Stunden abrücken und nach dem 15 km nördlich gelegenen Dorfe Tsankau marschieren zu lassen. Zur Wahrung der militärischen Ehre dürften die Truppen ihre Gewehre mitnehmen, die Geschütze und die Munition müssten aber vorläufig zurückbehalten werden. Von den Waffen würden die Deutschen nur dann Gebrauch machen, wenn man auf Ungehorsam oder gar Widerstand stoßen würde.

Chinesische Artilleristen mit Gatling-Geschützen

Das Fischerdorf Tsingtau

Landungsmanöver bei Tsingtau

Artillerielager mit erbeuteten Geschützen. Tsingtau 1897

Offiziersyamen des Strandlagers in Tsingtau mit erbeuteten Trophäen

Der chinesische General fügte sich nach einigem Besinnen; gegen 11½ Uhr ging seine Flagge auf dem Yamen nieder und seine Truppen räumten die Lager. Um 2½ Uhr wurde mit drei Hurras auf Seine Majestät den Kaiser im Ostfort die deutsche Flagge gehisst. Hierauf erließ der Geschwaderchef folgende Proklamation:

„Ich, der Chef des Kreuzergeschwaders, Kontreadmiral v. Diederichs, mache hiermit bekannt, dass ich auf Allerhöchsten Befehl Seiner Majestät des deutschen Kaisers die Kiautschou-Bucht und die vorliegenden Inseln in den nachbezeichneten Grenzen besetzt habe … Dies geschieht, um Bürgschaft zu haben, für die Erfüllung der Sühneforderungen, welche an die chinesische Regierung wegen der Ermordung deutscher Missionare in Schantung gestellt werden müssen.

Ich fordere hiermit alle Bewohner, ohne Unterschied des Standes, Geschlechts und Lebensalters auf, ruhig wie bisher ihren Geschäften nachzugehen und sich nicht durch böswillige Gerüchte, die von Unruhestiftern ausgesprengt werden, aufregen zu lassen. Deutschland ist immer ein guter Freund Chinas gewesen, wie es ja auch durch die Intervention im chinesisch-japanischen Kriege zum Schutze Chinas bewiesen hat. Die Besetzung ist durchaus nicht als eine feindliche, gegen China gerichtete Handlung anzusehen; es wird dadurch im Gegenteil die Erhaltung der freundschaftlichen Beziehungen zwischen Deutschland und China erleichtert werden. Die deutschen Behörden werden die friedlichen Bürger in ihrem Handel und Wandel schützen und Ruhe und Ordnung aufrechterhalten, aber Übeltäter strenge nach dem geltenden chinesischen Gesetz bestrafen.

Deutsche Landungstruppen bei Tsingtau

Sollten Ruchlose etwas gegen die anwesenden Deutschen unternehmen, so verfallen sie den strengen deutschen Kriegsgesetzen. Ich ermahne daher nochmals Alle, die es betrifft, sich in die deutsche Schutzherrschaft zu fügen und sich nicht durch Widersetzlichkeit, die doch nutzlos sein würde, Unannehmlichkeiten zuzuziehen. Die chinesischen Behörden und Beamten in den von deutschen Truppen besetzten Orten sollen ungestört in Tätigkeit bleiben und gewissenhaft und ordentlich ihre Amtspflichten erfüllen.

Jeder lese und gehorche.“

Die Besetzung der Bucht war somit ohne Blutvergießen bewirkt und wurde alsbald auf die Umgebung mit Einschluss der beiden Städte Kiautschou und Tsimohsien ausgedehnt.“ (Georg Franzius: Kiautschou. Deutschlands Erwerbung in Ostasien. 3. Aufl. Berlin 1898. S. 129–133.)

Währenddessen stellte die deutsche Regierung in Peking fünf Forderungen:

1. Die Mörder der Missionare sollten dem Verbrechen entsprechend bestraft werden. Zudem sollte der bisherige Gouverneur der Provinz Schantung, Li Peng Chang, der das Verbrechen nicht verhindern konnte, abgesetzt und ihm die Befähigung abgesprochen werden, jemals wieder ein hohes Amt zu bekleiden. Auch sollten sechs weitere hohe Beamte versetzt und bestraft werden.

2. Für den der katholischen Mission und ihren Angehörigen entstandenen Schaden sollte dieselbe eine Entschädigung von 3.000 Taels erhalten.

3. Als Sühne für den Tod der Missionare sollten drei Kirchen errichtet und unter kaiserlichen Schutz gestellt werden: In Tsining, in Tsantschoufu und in Tschangtjatschuang, dem Ort der Bluttat. Für jede Kirche waren 66.000 Taels bereitzustellen. Außerdem sollten sieben sichere Wohnhäuser für Missionare errichtet werden.

4. Ein besonderes kaiserliches Edikt sollte zukünftig den Schutz der Missionare garantieren.

5. Für das besetzte Gebiet der Bucht von Kiautschou sollte ein Pachtvertrag mit dem Deutschen Reich abgeschlossen werden.

Ausgehend von diesen Forderungen begannen am 20. November Verhandlungen zwischen dem Deutschen Reich und China, die schließlich am 15. Januar 1898 zu einer Einigung, und damit zur Beilegung des Missionszwischenfalls, führten. Das infolge des unglücklichen Krieges gegen Japan noch gänzlich geschwächte China sah sich am Ende gezwungen, sämtliche Forderungen der deutschen Regierung bedingungslos zu erfüllen.

Am 6. März 1898 kam es dann zum Abschluss des verlangten Pachtvertrags für die Kiautschoubucht. Von deutscher Seite unterzeichnete den Vertrag der Gesandte in Peking, Baron Edmund von Heyking.

Laut Vertrag wurde das bereits besetzte Gebiet der Bucht von Kiautschou für 99 Jahre pachtweise dem Deutschen Reich überlassen. Innerhalb dieses Zeitraums trat die chinesische Regierung ihre Hoheitsrechte vollständig ab, auch ohne Anrecht auf eine Pachtgebühr. Ihre Maßnahmen im Pachtgebiet sollte die deutsche Regierung nach eigenem Belieben treffen können, ohne China dafür irgendwelche Rechenschaft schuldig zu sein. Damit blieb die Bucht zwar offiziell chinesisches Territorium, ging aber faktisch in deutschen Besitz über und Deutschland besaß das Recht, unter eigener Flagge hier einen modernen Hafen anzulegen.

Innerhalb einer die Bucht umgebenden, 50 Kilometer breiten, neutralen Zone standen China nur begrenzte Hoheitsrechte zu. Dort war deutschen Truppen jederzeit der Durchmarsch erlaubt, außerdem bedurften sämtliche zu treffenden Maßnahmen der vorherigen

Die im Bau befindliche Landungsbrücke bei Tsingtau

Genehmigung der deutschen Regierung, die auch das Recht hatte, die Wasserläufe künstlich zu regulieren.

Die deutsche Regierung hielt sich die Möglichkeit offen, die Kiautschoubucht auch vor Ablauf des Pachtvertrages jederzeit an China zurückgeben zu können. In diesem Falle hatte die chinesische Regierung, für sämtliche Aufwendungen, Entschädigungen zu leisten und dem Deutschen Reich eine wirtschaftlich rentablere Ersatzregion zu überlassen. Andererseits verpflichtete sich die deutsche Seite, das Pachtgebiet niemals an einen anderen Staat weiter zu verpachten.

Deutschland erhielt Konzessionen für den Bau der Bahnlinien von Kiautschou nach Tsinanfu sowie von Kiautschou über Itschoufu und Laiwuhsien nach Tsinanfu. Zudem sollte später eine weitere Bahnstrecke von Tsinanfu bis an die Grenze Schantungs gebaut werden. So gestattete die chinesische Regierung dem Deutschen Reich die Einrichtung einer direkten Verbindung zu den reichen Kohlengebieten der Provinz Schantung. Damit einhergehend wurde deutschen Unternehmen das Recht eingeräumt, u. a. Kohlevorkommen in einem Abstand von 15 Kilometern von den genannten Bahnlinien auszubeuten, insbesondere in Poschan, Weihsien, Itschoufu und Laiwuhsien. Auf diese Weise wurden auch außerhalb des eigentlichen Pachtgebietes liegende Regionen zum deutschen Einflussbereich.

Wenn in der Provinz Schantung ausländische Hilfe in Form von Kapital, Material oder Personen benötigt wurde, sollte die chinesische Regierung zunächst deutsche Industrielle und Kaufleute konsultieren, womit die wirtschaftliche Einflussnahme Deutschlands in der benachbarten Provinz als endgültig abgesichert galt.

Der Diederichstein in Tsingtau erinnerte an die Gründung des Schutzgebietes

Sitz des deutschen Oberkommandos in Tsingtau im Jahr 1897

Sieben Wochen nach Abschluss dieses Vertrages, am 27. April 1898, erklärte Kaiser Wilhelm II. die Bucht von Kiautschou durch einen persönlichen Erlass offiziell zum „Schutzgebiet" des Deutschen Reiches. Zuvor war das neue Gebiet bereits dem Reichsmarineamt zur Verwaltung unterstellt worden.

Insgesamt umfasste das von Deutschland in China erworbene Territorium:

1. Den, die Kiautschoubucht nach Osten vom Gelben Meer trennenden Landzipfel mit dem Ort Tsingtau, welcher mit 462 qkm den Hauptteil des Pachtgebietes ausmachte.

2. Ein kleines, nur 47 qkm großes Landstück auf dem gegenüberliegenden Ufer, links des Eingangs der Bucht.

3. Fünf größere sowie eine Anzahl kleinerer Inseln innerhalb und vor der Bucht, welche zusammen eine Fläche von 44 qkm ausmachten.

4. Die gesamte Wasserfläche der Kiautschoubucht, bis hin zur Hochwassergrenze, mit einer Ausdehnung von 560 qkm.

Deutsche Seesoldaten in Kiautschou

Damit gehörten zum Schutzgebiet 553 qkm Landfläche, während die umliegende neutrale 50-km-Zone 7650 qkm einnahm. Nicht zum eigentlichen Pachtgebiet gehörte die nordwestlich gelegene Stadt Kiautschou, nach der die Bucht benannt war. Sie befand sich jedoch noch innerhalb der neutralen Zone. Die Grenzen des Schutzgebietes umschlossen also die gesamte Bucht von Kiautschou samt den anliegenden Inseln, mithin so viel Landfläche, wie nach militärischem Ermessen für notwendig erachtet wurde.

Durch die rasche Inbesitznahme der Bucht seitens des Deutschen Reiches war möglichen Ansprüchen Russlands auf dieses Gebiet der Boden entzogen worden. Allerdings strebte das Zarenreich nach Kompensation und ließ sich von China im Gegenzug, im März 1898, Port Arthur und Dalny auf der Halbinsel Liaotung verpachten. Russland vereinbarte hier eine Pachtdauer von 25 Jahren und sicherte sich die Bahnbaurechte in der Mandschurei.

Die übrigen in China vertretenen Großmächte betrachteten die neue deutsche Präsenz in Kiautschou gleichfalls eher misstrauisch und befürchteten langfristig eine Bedrohung ihrer

KIAUTSCHOU
Kiautschou-Bucht
Ta ku ho
Tschang kotschuang
Hou hai hsi
Wang kotschuang
Wang tschia nü ku
Liu ting
Pai scha ho
Hutsing
Ta pu t'ou
Yintau
Hsi ying
Yang ho
Ling tschüen
Ts'un tschia t'un
Ta jin tschuang
Tsang kou
Litsun
Tschengtan
Lauschan
Lauschan Hf.
Lauting
Kuh Pass
Sturz Pass
Kap Yatau
Futau
Tsingtau
Huangtau
Prinz Heinrich B.
Bismark B.
Hufeisen Riff
Hsiau tschu schan
Tschiang t'ou
Hsien tau
Hou wan tschuang
Nan tschuang
Hsiau kung tau
Ta kung tau
Wutschia tsun
Ling schan wei
Liu tschia tau
Schy ling
Yü ming tsui
Maasstab 1:250 000
5 10 15 20 25 Kilm.
Grenze des Gouvernements Gebiets
Projektierte Eisenbahn
120°
120°30'
36°
120°30' Ö. L. v. Greenw.

eigenen Interessen durch das aufstrebende wilhelminische Reich. Vor allem die britische und französische Öffentlichkeit vermutete, der Erwerb dieser Bucht sei nur Ausgangspunkt für eine künftige, weitgehendere Expansionspolitik Deutschlands in Ostasien.

In Reaktion auf das deutsche Vorgehen pachtete Großbritannien noch im gleichen Jahr – ebenfalls in Schantung – den Hafen Weihaiwei, während Frankreich das in Südchina gelegene Kwangtschouwan in Besitz nahm. So hatte die Besetzung der Bucht von Kiautschou durch das kaiserliche Deutschland auch allgemein ein weiteres expansives Ausgreifen der europäischen Mächte auf chinesischem Territorium zur Folge.

Vorderes Tor des Strandlagers Tsingtau

Dorf am Osthang des Lauschangebirges

Felder in einem Lauschantal

GEOGRAPHISCHE GEGEBENHEITEN

Das deutsche Schutzgebiet bildete einen Teil der chinesischen Provinz Schantung, die die gleichnamige Halbinsel und einen weiteren Teil des Festlandes umschloss. „Schan" heißt auf Chinesisch „Gebirge", „tung" bedeutet „Osten" – es handelte sich also um die „Provinz östlich des Gebirges". Sie erhielt ihren Namen von dem die Hälfte ihres Areals einnehmenden Bergland, das, sich unmittelbar aus der Ebene erhebend, in einer Länge von 600 km die Region durchzog.

Schantung galt als eines der fruchtbarsten Gebiete Chinas. Es umfasste insgesamt 144.000 qkm und besaß eine Einwohnerzahl von etwa 38 Millionen Menschen. Die von Kiautschou nächstgelegene, größere Handelsstadt im Inneren der Provinz war Weishien, einer der Zentralpunkte des bedeutenden Seidenhandels.

Die Randgebirge, welche die Niederung der Kiautschouer Bucht umgeben und hauptsächlich aus Gneis bestehen, sind im Norden das Lai, das nur nach der Meeresseite hin in ein sanftwelliges Vorland ausgeht, sonst aber in massigen, durch stark zerrissene und gezackte Kämme übergipfelte Formen aufstrebt. Seine Höhe überschreitet im Durchschnitt nirgends die von 400 m, der südwestliche Eckpfeiler, der Huangschan, von den Europäern Eliasberg genannt, wird auf 750 m angegeben, im Osten schließt sich das aus Granit bestehende, auf 1.000 m Höhe geschätzte Aischan an, den östlichsten Teil der Halbinsel füllt der steil ins Meer herabstürzende Kunlunschan (700 bis 900 m hoch) aus. An ihrem südlichsten Rand zieht sich das Lauschan entlang, das, hart aus der See herausragend, vielfach zerstückelt ist, sodass die Buchten – wie eben jene von Kiautschou – teilweise hindurchgreifen.

Etwa 8 km vom Nordwestrand der Bucht landeinwärts befand sich die Stadt Kiautschou. Sie lag im Mittelalter direkt an der Küste und war ein ertragreicher Hafen – die Schiffe ankerten unmittelbar vor der Stadtmauer –, wurde im Laufe der Jahrhunderte jedoch durch die stetig zunehmenden Sandablagerungen des Kiauflusses von der See ins Binnenland abgedrängt. „Tschou" heißt „Bezirk", „Kiau" kommt hingegen von den „Kiau-Barbaren", den einstigen Ureinwohnern dieser Gegend.

„Sie (die Stadt) hat ihren Namen von den Kiau-Barbaren, Ureinwohnern des Landes, die im 6. Jahrhundert v. Chr. von den von Westen vordringenden Chinesen unterjocht wurden. Im 9. Jahrhundert n. Chr. wird von einem arabischen Schriftsteller ein Ort Kantu als der nördlichste von seinen Landsleuten besuchte Hafen Chinas erwähnt.

Nach Richthofen soll mit Kantu nichts anderes als Kiautschou gemeint sein, das damals den Zwischenplatz für den Handel mit Korea bildete. In den chinesischen Chroniken wird jedoch nichts von diesem Handel mit Korea erwähnt, auch war damals die Stadt Kiautschou nur ein Marktflecken. Ihre Blüte sollte die Stadt erst zur Zeit der Sungdynastie erleben (960 bis 1126), sie wird auch als Einschiffungshafen für Korea genannt. Ihre Handelsverbindungen erstreckten sich zur See nach Kanton, Fukien und Tschekiang, der Binnenhandel über Schantung bis nach Tschili und Honan.

Die Brandschatzungen der Küste durch die japanischen Seeräuber, sowie die nicht ganz ungefährliche Fahrt um das stürmische Vorgebirge von Schantung, veranlassten den ersten Herrscher der Mongolendynastie Kublai Khan (1260 bis 1294) im Jahr 1280 den Bau eines Kanals zu veranlassen, der Kiautschou unmittelbar mit dem inneren Gelben Meer verbinden sollte. Es mag dabei auch der Gedanke an eine sichere Beförderung des Tributreises aus dem Süden nach der Hauptstadt Peking den Anstoß gegeben haben. Man benutzte bei der Anlage dieser Wasserstraße die schon erwähnte Kiau-lai-Senke, in der zwei Flüsse, der nach Süden fließende in die Bucht von Kiautschou mündende Kiau-ho und der in die Bucht von Lai-tschou-fu mündende nach Norden fließende Lai-ho, sich nähern. Die Länge des Kanals gibt Tschepe S.J. in seinem Aufsatz „Aus Tsingtaus Vergangenheit" auf 300 li (=150 km) an, eingeschlossen sind hierbei die kanalisierten Flussläufe. Die Bauzeit nahm fünf Jahre in Anspruch, aber die Mühe hatte wenig Erfolg. Die Wassertiefe betrug nur 3 Fuß, sodass größere Seeschiffe ihn nicht benutzen konnten, außerdem machten die eindringenden Sandmassen ihn halb unbrauchbar. Überreste des jetzt trockenen Kanals existieren noch und lassen die Sorgfalt erkennen, die auf seine Herstellung verwendet wurde. Auch zur Zeit der Mingdynastie 1537 werden Arbeiten an dem Kiau-lai-ho (d. h. dem Kanal zwischen Kiautschou und Lai-tschou-fu) erwähnt. Im Jahr 1290 wurde Kiautschou von der Last der Beförderung des Tributreises befreit, die nun auf dem Kaiserkanal geschah, sobald aber Unordnungen in diesem Kanal eintraten, wurde Kiautschou als Ersatz herangezogen, zum Schutz des Hafens gegen die japanischen und chinesischen Seeräuber wurde auch 1373 die Festung Ling-schan-wei, auf der südlichen Halbinsel der Bucht, außerhalb unserer Gebietsgrenze gelegen, erbaut. So blieb Kiautschou trotz der zunehmenden Versandung seines Hafens, über die besonders während der letzten Dynastie geklagt wird, immer noch eine bedeutende Stadt, die maritime Eingangspforte für Schantung." (Kaiser-Wilhelm-Dank-Verein der Soldatenfreunde (Hrsg.), Deutschland als Kolonialmacht. Dreißig Jahre deutsche Kolonialgeschichte, Berlin 1914, S. 246.)

Nach dieser ehemaligen Seestadt wurde die Bucht benannt – und von ihr ist der Name wiederum auf das deutsche Pachtgebiet übergegangen.

Inneres Tor von Kiautschou

Stadtmauer von Kiautschou

Die Kiautschoubucht ist ein geräumiges Meeresbecken von 560 qkm Inhalt (bei Hochwasser), annähernd ein Drittel der Fläche des Kurischen Haffs (1.620 qkm). Für den Verkehr kommt jedoch nur der südlichste Teil in Betracht. Im Norden sind die Tiefen so gering, dass man an unser nordwestdeutsches Wattenmeer erinnert wird. Die von den entwaldeten Bergen herabkommenden Wasserläufe, von denen der bedeutendste der Paischa-ho ist – in seinem Unterlauf die Grenze des Schutzgebietes bildend –, haben dem Meere eine so große Menge von festen Stoffen zugeführt, dass annähernd die Gesamtfläche der inneren Bucht eine Tiefe von weniger als 1 m besitzt. Die in ihr gelegenen Inseln, Yintau (das Potatoe Island der englischen Seekarten) und Huang-tau verdienen mehr den Namen Halbinseln, und findet zur Zeit der Ebbe durch das trockene Wattenmeer ein reger Verkehr mit dem Festlande statt. Dass die Versandung nur von den Flüssen und nicht von der See her stammt, ist insofern ein günstiger Umstand, als es möglich sein wird, durch Schutzdämme und Anforstungen den Vorgang zweckmäßig zu beeinflussen.

Größere Tiefen finden sich erst in der Nähe des südlichen Ausganges, und hier liegt an der Innenseite der den Osten der großen Bucht begrenzenden Halbinsel der eigentliche Hafen unseres deutschen Gebietes, Tsingtau, mit einer Wassertiefe von mehr als 10 m. Bis zu seiner Eröffnung war der Anlegeplatz der Schiffe die am Südrand der Halbinsel gelegene Tsingtaubucht mit durchschnittlich 6 m Wassertiefe. Daran schließt sich im Osten die Auguste-Victoria-Bucht (früher Klarabucht genannt), der Badestrand Tsingtaus. Die geringe Tiefe sowie die ungeschützte Lage waren der Beweggrund zur Schaffung des künstlichen Hafens an der Westseite der Halbinsel. Die Breite der südlichen Ausfahrt aus der Kiautschoubucht beträgt 3,5 km. Der Ankerraum für Fahrzeuge bedeutenden Tiefganges beträgt rund 50 qkm, und von da führt in nordöstlicher Richtung das 7 km lange und 1 km breite Tsangkouer Tief, wo selbst bei Niedrigwasser noch eine mittlere Tiefe von 6 m beobachtet wird. Besonders starke Strömungen, die für die Schifffahrt von Gefahr sein können, sind in der Bucht nicht vorhanden, der Gezeitenwechsel beträgt etwa 3 m. Der Untergrund ist gut, da er ausschließlich aus Sand und Ton gemischt besteht, sodass auch die bei der Anlage des künstlichen Hafens notwendigen Baggerarbeiten auf keine Schwierigkeiten stießen.“
(Deutschland als Kolonialmacht, S. 241.)

„Tsingtau“ – auf Chinesisch „Grüne Insel“ – hieß ein kleines, der Bucht vorgelagertes Eiland, das später als „Arkona“ bezeichnet wurde. Im Gegensatz zum benachbarten, eher öden, baum- und strauchlosen Festland gedieh dort jedes Frühjahr eine üppigere Vegetation. Der Name „Tsingtau“ ging schließlich auf das am Festlandufer gelegene chinesische Fischerdorf und die an dessen Stelle entstehende deutsche Hafenstadt über.

Blick auf die Arkona-Insel

Die Bucht von Kiautschou von Westen her

Zahlreiche Inseln umgeben die Bucht von Kiautschou, die meisten haben jedoch wirtschaftlich gesehen nur eine geringe Bedeutung.

„Von den Inseln, die der Erwähnung wert sind, ist die größte Schui-ling-schan (früher fälschlich Tolosan genannt): 18 Seemeilen – 1 Seemeile bekanntlich – 1,8 km – südlich von Tsingtau gelegen, ist diese schönste Insel des Schutzgebietes, die sich bis 507 m hoch aus dem Meere erhebt, doch nur 5 km lang und 3 km breit. In diese Fläche von 150 ha, also etwa 300 preußische Morgen, teilen sich 17 Dörfer, eigentlich aber nur in die schmalen Küstenränder. Weit draußen in See, nur bei hellem Wetter von Tsingtau aus sichtbar, hält als äußerster Vorposten die Insel Tscha-lien-tau die Wacht und entbietet mit dem weißen Gemäuer oder dem weißen Feuer ihres 15 m hohen Leuchtturms den Schiffen den ersten und letzten Gruß von Tsingtau. In der Bucht selbst liegen die Inseln Yin-tau und Huang-tau, „die gelbe Insel", beide durch Ebbewege mit dem Festland verbunden. Auf beiden finden eine Anzahl Dörfchen Platz und Nahrung.

Die hammerförmige Halbinsel Hai-hsi – zu Deutsch: „Westlich vom Meere" –, durch einen alten versandeten Kanal vom chinesischen Gebiet abgegrenzt, wird von den Ausläufern des bis 700 m hohen, malerischen Perlgebirges durchzogen."
(Weicker, a. a.O., S. 78.)

Die Pagode von Yangtschiatsun, nahe Kiautschou

Die Mauern von Weihsien

Hinter den Mauern von Weihsien

Bilder des Wohnhauses des Gouverneurs von Kiautschou

DIE VERWALTUNG DES SCHUTZGEBIETES

Kiautschou wurde von Anbeginn als eine Musterkolonie konzipiert, wobei gerade sämtliche Einrichtungen der Verwaltung der Öffentlichkeit die besondere Effektivität der deutschen Kolonialpolitik deutlich machen sollten.

Infolge seiner Hauptfunktion als Flottenstützpunkt unterstand das Schutzgebiet von vornherein nicht – wie andere deutsche Kolonialgebiete – dem Reichskolonialamt, sondern der Reichsmarineverwaltung. Noch vor Abschluss des Pachtvertrages übertrug Wilhelm II. durch die Verordnungen vom 27. Januar und 1. März 1898 die gesamte Verwaltung des Kiautschougebietes dem Reichsmarineamt.

So handelte es sich bei dem für das Schutzgebiet zuständigen Gouverneur stets um einen höheren Seeoffizier, der direkt dem Staatssekretär des Reichsmarineamtes, nämlich Großadmiral Alfred von Tirpitz, verantwortlich war.

Dem Gouverneur oblag die höchste Militär- und Zivilgewalt, gleichzeitig war er Oberbefehlshaber der in Kiautschou stationierten Marinetruppen. Durch kaiserliche Verordnung war der Gouverneur mit besonderen Vollmachten ausgestattet. Seine Anordnungen bedurften zwar der Genehmigung des Reichskanzlers, traten aber auch ohne diese vorläufig in Kraft. Für die Dauer seines Amtes stand ihm der Titel „Exzellenz“ zu.

Von März 1898 bis zur Besetzung des Schutzgebietes durch die Japaner im November 1914 amtierten fünf Gouverneure in Kiautschou:

Carl Rosendahl, Kapitän zur See	07.03.1898 – 19.02.1899
Paul Jaeschke, Kapitän zur See	19.02.1899 – 27.01.1901
Max Rollmann, Kapitän zur See	27.01.1901 – 08.06.1901
Oskar von Truppel, Vizeadmiral	08.06.1901 – 19.08.1911
Alfred Meyer-Waldeck, Kapitän zur See	19.08.1911 – 07.11.1914

Hervorzuheben ist Oskar von Truppel, unter dessen langer Amtszeit das deutsche Schutzgebiet seinen eigentlichen Aufschwung erlebte.

Aufnahmen von der alten Gouverneursvilla

Das Dienstgebäude des Gouvernements

Bereits von November 1897 bis März 1898 diente Truppel als interimistischer Befehlshaber der Seestreitkräfte in Kiautschou. Seit Juni 1901 förderte er dann als Gouverneur vor allem die Industrie und den Ausbau der Stadt Tsingtau. Großadmiral von Tirpitz urteilte über ihn:

„Wirkt fördernd auf die Entwicklung des Schutzgebietes. Energisch in allen Untersuchungen politischer und wirtschaftlicher Art.“

Truppel trat am 19. August 1911 überraschend von seinem Posten zurück. Sein Nachfolger Alfred Meyer-Waldeck sollte vor allem durch die Organisation des tapferen Abwehrkampfes gegen die Japaner in den ersten Monaten des Weltkrieges bekannt werden.

Rechte Hand und Stellvertreter des Gouverneurs im militärischen Bereich war der Chef des Stabes, in der Regel ein Fregatten- oder Korvettenkapitän. Unterstützung bei den Amtsgeschäften und gesellschaftlichen Verpflichtungen leisteten ferner zwei Adjutanten.

Das Verwaltungsbezirksamt in Litsun

Weiterhin gehörten zum militärischen Stab des Gouverneurs: Der Platzmajor, ein Kapitänleutnant oder Hauptmann, der zugleich Dolmetscher-Offizier war, der Ingenieuroffizier vom Platz, der Artillerieoffizier vom Platz – zugleich Vorstand der Artillerie- und Minenverwaltung – der Intendant, mit einem Assessor und einigen Sekretären sowie drei Dolmetschern.

Im zivilen Bereich bildete der Zivilkommissar die Spitze der Verwaltung. Er war zunächst nur für die Belange der europäischen Einwohner Kiautschous zuständig. Für die eingesessene Bevölkerung gab es bis 1910 den Kommissar für chinesische Angelegenheiten, dessen Obliegenheiten in den Folgejahren aber auch vom Zivilkommissar wahrgenommen wurden.

Der dem Gouverneur außerdem zur Seite stehende Gouvernementsrat setzte sich aus dem Chef des Stabes, dem Zivilkommissar, dem Kommissar für chinesische Angelegenheiten, dem Intendanten, dem Gouvernementsarzt, dem Baudirektor sowie vier Bürgerschaftsvertretern zusammen. Bei diesem Rat handelte es sich praktisch um das Repräsentationsorgan der deutschen Bewohner des Schutzgebietes. Einberufen wurde er vor allem, wenn Verordnungen erlassen werden sollten, die wirtschaftliche Interessen berührten. Aber auch allgemein wurde er bei anstehenden Neuerungen konsultiert. Allerdings war der Gouverneur letztlich nicht an die Beschlüsse des Rates gebunden.

Ein Angeklagter vor dem Polizeirichter

Dem Gouvernementsrat entsprach ab 1902 das Chinesische Komitee als Vertretung besser gestellter chinesischer Einwohner. Es bestand aus zwölf Mitgliedern des einheimischen Kaufmannsstandes und sollte den Gouverneur bei der Verwaltung der chinesischen Gemeinde unterstützen sowie in weiteren Angelegenheiten, etwa strittigen Handelssachen oder Fragen des chinesischen Erbrechts, beraten. 1910 traten an die Stelle des Chinesischen Komitees vier – auf Vorschlag der Kaufmannschaft – vom Gouverneur ernannte Vertrauensleute.

Am 27. April 1898 wurde auch die Kolonialgerichtsbarkeit im neuen Schutzgebiet eingeführt, und zwar als „Kaiserliche Verordnung betreffend die Rechtsverhältnisse in Kiautschou". Hinzu trat am 1. Januar 1901 das „Reichsgesetz betreffend die Rechtsverhältnisse der Deutschen Schutzgebiete". Diese beiden Verordnungen bildeten die Grundlage für das Justizwesen.

1899 teilte man das Schutzgebiet in zwei Verwaltungsbezirke ein: Tsingtau und Litsun. Zur Vereinheitlichung von Justiz und Verwaltung wurde den Bezirksämtern auch die Gerichtsbarkeit verliehen. Jedem der beiden Bezirke stand ein Bezirksamtmann vor, der zugleich Bezirksrichter war. 1907 wurde in Tsingtau zudem ein Obergericht eingerichtet, das insbesondere für Rechtshändel der Europäer und Berufungsverfahren zuständig war.

Während für Europäer ausnahmslos deutsches Recht galt, wurde für die chinesische Bevölkerung seit Juli 1900 die „Verordnung betreffend die Rechtsverhältnisse der Chinesen" eingeführt, welche auf deren traditionelle Sitten und Rechtsanschauungen stärkere Rücksicht nahm. So behielt man etwa bei den Einheimischen, neben den üblichen Freiheits- und Geldbußen und der Todesstrafe, noch die Prügelstrafe bei. Auch bei Zivilprozessen blieb das örtliche Gewohnheitsrecht meist maßgebend. Für Rechtssicherheit sorgten in Kiautschou ein Polizeichef, sein Polizeioberwachtmeister, neun Polizeiwachtmeister und zwanzig Polizeimänner.

Laut der bereits im November 1897 eingeführten Landordnung war nur das Gouvernement berechtigt, Grund und Boden von den Einheimischen zu erwerben, und anschließend durch öffentliche Versteigerung zu veräußern. Dabei musste jedes verkaufte Grundstück innerhalb einer bestimmten Frist gemäß dem vorbestimmten Zweck nutzbar gemacht werden. Nach dem Verkaufswert wurde eine Grundsteuer erhoben, die alle drei Jahre, dem steigenden Wert entsprechend, neu einzuschätzen war – damit konnte jede Bodenspekulation von vornherein ausgeschlossen werden. Die Grundsteuer blieb zugleich die einzige direkte Steuer im Schutzgebiet.

Hinzu traten als weitere Haupteinnahmequellen des Gouvernements der Zoll sowie – mit der zunehmenden Bedeutung Tsingtaus als Hafen – Abgaben aus dem Bereich des Seeverkehrs, wie Lösch- und Ladegebühren. Auch Gerichtsgebühren, Geldstrafen, Schulgeld, Baupolizeigebühren oder Mieten stellten regelmäßige Einnahmen dar.

Dennoch blieb das Schutzgebiet immer auf Zuschüsse aus dem Reich angewiesen. Allein in den ersten zehn Jahren des Bestehens der Kolonie beliefen sich die Reichszuschüsse auf fast 100 Millionen Mark, während die Einnahmen des Gouvernements nicht einmal ein Zehntel davon ausmachten. Im Jahr 1907 betrugen die fortdauernden Kosten 7 Millionen Mark, hinzu kamen 6 Millionen als einmalige Ausgabe für so verschiedene Anliegen wie Hafenbau, Kasernenbauten, Armierungszwecke, Straßenbau und Kanalisationsarbeiten. Da der Etat von Kiautschou für 1907/08 nur eine Einnahme von 1,5 Millionen Mark verzeichnete, musste das Reich 11,5 Millionen zuschießen.

Die unaufhörlichen Kosten der Kolonie riefen im Reichstag mitunter auch kritische Stimmen hervor, welche am Nutzen des fernöstlichen Experiments ernsthaft zweifelten. Letztlich wurde dieses Verlustgeschäft in Kauf genommen, weil man auf den Stützpunkt nach wie vor angewiesen war und die Entwicklung des Schutzgebietes langfristig Hoffnung machte.

Das Postamt in Tsingtau

Im Gegensatz zu den anderen öffentlichen Einrichtungen war die Post in Kiautschou nicht dem Reichsmarineamt, sondern dem Reichspostamt unterstellt. Neben dem zentralen Postamt in Tsingtau gab es noch Postagenturen in Kiautschou und Kaumi, eine Postzweigstelle in Litsun sowie Posthilfsstellen in Syfang, Taputou, Tsangkou und Tsingtau-Tapautau. Auch das Post- und Telegraphennetz in der neutralen Zone wurde vom Kaiserlich Deutschen Postamt in Tsingtau geleitet.

Das Rechnungswesen des Schutzgebietes oblag den Marine-Oberzahlmeistern, Zahlmeistern, Zahlmeisteraspiranten und Schreibern. Öffentliche Gebäude wurden vom Baudirektor sowie seinen Baumeistern und Sekretären überwacht, während für die Aufrechterhaltung des Hafenbetriebs der Hafenkapitän, ein pensionierter Seeoffizier, zuständig war.

Gouverneur Oskar von Truppel, der chinesische Statthalter Wutingpin und Gefolge

Dame in einer Rikscha

Deutsche und Chinesen

Deutsche und Chinesen leben im Kiautschougebiet in Frieden und Eintracht und herzlicher Freundschaft. Unser Bild zeigt den Gouverneur des Kiautschougebiets, Vizeadmiral Truppel, im Kreise seiner Familie und seiner näheren Umgebung, zugleich mit dem chinesischen Gouverneur der Provinz Schantung nebst Gefolge.

Später hat Admiral Truppel mit Gemahlin in Tsinanfu einen Gegenbesuch gemacht. Die überaus feierliche und an Formen gebundene Art chinesischer Höflichkeit zeigen die Dankbriefe, die Gouverneur Wutingpin später, nach seiner Rückkehr nach Tsinanfu an Herrn Admiral Truppel, sowie Frau Gouverneur Wu an Frau Admiral Truppel haben ergehen lassen. Sie bieten ein Beispiel chinesischer Höflichkeit und eröffnen Aussicht auf ein weiteres friedliches Miteinanderarbeiten von Deutschen und Chinesen im Kiautschougebiet.

Brief des Gouverneurs von Schantung, Wutingpin, an den Kaiserlichen Gouverneur, Herrn Vizeadmiral Truppel, Exzellenz:

„Euer Exzellenz Telegramm und Schreiben ließen mich erkennen, dass Euer Exzellenz und Ihre Exzellenz mit Fräulein Tochter und Freundin sowie den Herren Ihres Gefolges wohlbehalten in Tsingtau eingetroffen waren. Diese gute Nachricht aus der Ferne hat mich sehr beruhigt.

Leider weilten Euer Exzellenz nur wenige Tage in Tsinan. Als Sie mit Ihrer edlen Gemahlin kamen, empfing ich Ihre werte Schar. Berg und See sahen uns bei heiterem Trunk und fröhlicher Rede. Mitten im Frühling konnten wir in zwanglosem Plaudern unserem Herzen Genüge tun.

Nun bin ich beschämt, meinen Pflichten als Wirt in vielen Stücken nicht gerecht geworden zu sein. Das Mahl, das ich Ihnen bot, das Haus, das ich Ihnen bereitet, waren unvollkommen. Wenn Euer Exzellenz dennoch in Telegramm und Brief so warm mir danken, fasse ich mir ans Herz und fühle mich noch mehr beschämt.

Wutingpin“

Brief der Frau Gouverneur Wu, Tsinan, an Ihre Exzellenz Frau Gouverneur Truppel:

„Euer Exzellenz brokatenes Schreiben beruhigte mich darüber, dass Euer Exzellenz mit Ihrer Freundin und Fräulein Tochter glücklich nach Tsingtau zurückgekehrt sind. Ihre Grüße an Frau Pau habe ich ausgerichtet: Sie lässt Euer Exzellenz bestens danken.

Wenige Tage sind es her, dass ich Sie hier empfangen durfte: An der Perlenquelle lustwandelten wir. Ich schaute Ihr klares Antlitz und Ihr reiner Duft umfloss mich. An Tisch und Tafel kosteten wir die Freuden des Zutrunks, auf Terrasse und Teich genossen wir die Lust des Ausblicks. Als Sie sich heimwärts wandten, vermochte ich es nicht, Sie länger hier zu halten. Dürftig war die Aufnahme, die ich Ihnen bereitet, und ich schäme mich, meiner Wirtinpflicht nicht nachgekommen zu sein.

Euer Exzellenz Schreiben, das mir aus der Ferne so reich dankt, weckt in mir nicht in Worte zu fassende Gefühle der Sehnsucht. Den weiten Weg schaue ich Ihnen nach.

Frau Wu, geb. Pau"

(Süsserotts illustrierter Kolonial-Kalender 1909, S. 116f.)

Vornehmes chinesisches Haus

Das Innere eines chinesischen Tempels in Rükukou
an der Nordgrenze des Schutzgebietes

Chinesischer Hochzeitszug in Schantung

Eine Abteilung Matrosen-Artillerie in Tsingtau

Das Alte Artillerielager

GARNISON UND FLOTTENSTÜTZPUNKT

Die Garnison

Im Gegensatz zu den afrikanischen Schutzgebieten des Deutschen Reiches besaß Kiautschou keine reguläre Schutztruppe. Der Landstrich war aber von Anbeginn gleichsam der Stationsort der deutschen Marine im Fernen Osten.

Nach der Besetzung der Bucht übernahmen zunächst die Landungskorps des Ostasiengeschwaders die Sicherung des Platzes. Aus der 1. und 2. Kompanie des I. Seebataillons sowie der 3. und 4. Kompanie des II. Seebataillons wurde Anfang Dezember 1897 ein neues Marine-Infanterie-Bataillon gebildet, das schließlich als künftige Besatzungstruppe nach Kiautschou entsandt wurde.

Am 26. Januar 1898 traf diese Einheit in Tsingtau ein, die ab Mitte Juni als III. Seebataillon galt und bald durch verschiedene andere Truppenteile Verstärkung erhielt.

Das III. Seebataillon bestand bei seiner Aufstellung also aus vier Kompanien und umfasste 1.200 Marine-Infanteristen. Hinzu kam eine 200 Mann starke Matrosen-Artillerieabteilung. Zur weiteren artilleristischen Unterstützung wurde dem Seebataillon ferner im Dezember 1898 eine Marine-Feldbatterie zugeteilt.

Im Jahr 1900 kam es zur Bildung einer chinesischen Kompanie, die allerdings aufgrund schlechter Erfahrungen im Folgejahr wieder aufgelöst wurde. Ende September 1910 entstanden noch eine Marine-Pionier-Kompanie, als mobile Einsatztruppe, und im November 1911 eine Maschinengewehr-Kompanie, bestehend aus zwei selbständigen Zügen. Auf Veranlassung des Gouvernements erfolgte zudem Mitte Juni 1901 die Aufstellung eines Reiter-Detachements, aus dem die 5. (berittene) Kompanie hervorging.

Fast die gesamte Besatzung des Schutzgebietes war in Tsingtau stationiert, lediglich eine kleinere Grenzabteilung lag im Nordosten bei Schatzykou. Für die notwendigen Rekrutierungen in der Heimat war das Kommando des III. Stamm-Seebataillons in Wilhelmshaven zuständig. Jährlich verpflichteten sich bis zu 1.000 Mann für den Dienst in Ostasien, die in der Regel ein oder zwei Jahre in Kiautschou blieben.

Eingesetzt wurde das III. Seebataillon mehrmals bei Unruhen in Schantung. Als beispielsweise die katholischen Missionsstationen im Süden Schantungs im März 1899 durch Aufständische bedroht wurden, erfolgte zu deren Schutz die Entsendung einer Kompanie des Bataillons nach Jitschou. Im Juni des gleichen Jahres wurden zwei Kompanien, vier

Truppenunterkünfte in Kiautschou

Feldgeschütze, zwei Maschinengewehre und fünfzehn Reiter gegen chinesische Rebellen in der Gegend von Kaumi aufgeboten, die hier – nach kleineren Gefechten bei Titung und Linkotschuang – die Ordnung wiederherstellen konnten. Eine Reiterpatrouille verblieb danach noch über einen Monat in der Stadt Kiautschou.

Ende 1898 wurden, auf Bitten der deutschen Gesandtschaft, auch zwei Abteilungen von je dreißig Soldaten nach Peking und Tientsin beordert, um dort deutsche Landsleute gegen chinesische Banden zu schützen. Im Juni des Folgejahres kehrten die Abteilungen nach erfolgreichem Einsatz nach Tsingtau zurück.

Der größte Konflikt, den Verbände des III. Seebataillons vor Ausbruch des Ersten Weltkriegs zu bestehen hatten, war schließlich der Boxerkrieg des Jahres 1900.

Kommandeure des III. Seebataillons 1897–1914

Major Oskar Kopka von Lossow	1897–1898
Major Karl Dürr	1898–1900
Major Johannes Christ	1900–1902
Major Richard Hofrichter	1902–1903
Major Arwed von Frobel	1903–1907
Major Hermann Credner	1907–1909
Major Ernst von Below	1909–1912
Major Lutz Freiherr von Liliencron	1912–1913
Oberstleutnant Friedrich von Kessinger	1913–1914

Der Grenzposten des Schutzgebietes in Schatzykou

Blick auf die Bismarckkaserne in Tsingtau

Das Gouvernementslazarett

Erwähnenswert ist die Organisation des Krankenwesens im Marinestützpunkt Kiautschou, das sich ebenfalls gänzlich unter der Obhut des Oberkommandos der Seestreitkräfte befand.

An der Spitze des gesamten Gesundheitswesens stand ein Generaloberarzt der Marine. Ein Oberstabsarzt leitete das neu errichtete Gouvernementslazarett, während zwölf Marine-Stabsärzte und Oberassistenzärzte den medizinischen Stab bildeten.

Da es in Tsingtau kaum Zivilärzte gab, übernahmen die Marineärzte auch größtenteils die medizinische Betreuung der einfachen Bevölkerung, der europäischen wie der chinesischen. So war etwa die Frauen- und Kinderklinik dem Gouvernementslazarett angegliedert.

Soldatenheim des „Mecklenburghauses“

Panzerkreuzer „Fürst Bismarck“ im Schwimmdock

Kiautschou als Stützpunkt des Ostasiengeschwaders

Der Wunsch, einen festen Flottenstützpunkt in Ostasien zu besitzen, war ein Hauptanlass für die Besetzung der Bucht von Kiautschou.

Im Mai 1898 wurde das Ostasiengeschwader um eine weitere Kreuzerdivision verstärkt, die nur wenige Monate zuvor unter dem Kommando des Prinzen Heinrich von Preußen nach Tsingtau entsandt worden war.

Zwei Jahre später erfolgte die Verlegung des Panzerkreuzers „Fürst Bismarck" von Kiel nach Tsingtau, der fortan als Flaggschiff des Geschwaders diente.

Kommandanten des Ostasiatischen Geschwaders

Vizeadmiral Otto von Diederichs	1897 – 1899
Konteradmiral Prinz Heinrich von Preußen	1899 – 1900
Vizeadmiral Emil Felix von Bendemann	1900 – 1902
Vizeadmiral Richard von Geißler	1902 – 1903
Vizeadmiral Curt von Prittwitz und Gaffron	1903 – 1905
Konteradmiral Alfred Breusing	1905 – 1907
Vizeadmiral Carl von Coerper	1907 – 1909
Vizeadmiral Friedrich von Ingenohl	1909 – 1910
Konteradmiral Erich Gühler	1910 – 1911
Konteradmiral Günther von Krosigk	1911 – 1912
Vizeadmiral Maximilian Graf von Spee	1912 – 1914

Um 1908 bestand die Flotte der Ostasiatischen Station aus einem Großkreuzer, drei kleinen Kreuzern, vier Kanonenbooten, drei Flusskanonenbooten und zwei Torpedobooten.

Diese Schiffe waren jedoch nicht allesamt in Tsingtau stationiert, sondern lagen verteilt auf verschiedenen Stationen, auch ausländischen Basen, in Ostasien und im pazifischen Raum. Regelmäßig unternahmen sie Rundfahrten, um in den Küstenregionen und am Jangtse Flagge zu zeigen, oder die umliegenden Länder, etwa Japan, Hinterindien, Niederländisch-Indien und die Philippinen, aufzusuchen.

Die Flusskanonenboote befanden sich zumeist vor Kanton oder auf dem Jangtse, denn ihre Hauptaufgabe war die Verfolgung der dort besonders aktiven Küstenpiraten, die den Handelsverkehr nachhaltig störten.

Anlage der Infanteriewerke von Tsingtau

Mit ihren Erkundungsfahrten auf Flüssen und Kanälen im Inneren Chinas leisteten diese kleineren Boote zudem wertvolle Dienste bei der Aufklärung geographischer Gegebenheiten und der allgemeinen Zustände im Land.

1907 konnte das Flusskanonenboot „Vaterland" selbst die Stromschnellen des oberen Jangtse passieren und in die Provinz Setschuan vorstoßen.

Mit Ausnahme der Flusskanonenboote kam jedes Schiff des Ostasiengeschwaders zumindest einmal im Jahr nach Tsingtau, zum Andocken und zur Reparatur. Hier wurden dann auch erkrankte Seeleute in das Lazarett überstellt und die Mannschaften konnten sich im Genesungsheim des „Mecklenburghauses" im Lauschangebirge für einige Wochen von ihren Einsätzen erholen.

Die Festung Tsingtau

Bereits in den ersten Jahren nach der Besetzung wurde der Marinestützpunkt Kiautschou mit starken Befestigungswerken versehen.

Einen natürlichen Schutz boten allein schon die umgebenden Berge und die geographische Lage des Hafens innerhalb einer, durch eine schmale Einfahrt, von der See getrennten Bucht. Hinzu kam die schrittweise Anlage mehrerer Forts, Batterien und Infanteriewerke im Umkreis des Stadtgebiets von Tsingtau.

Das Festungssystem von Tsingtau gliederte sich schließlich in folgende Anlagen:

- Fort Huitschienhuk, auf der gleichnamigen Landzunge an der Iltis-Bucht gelegen, mit drei 15-cm-Schnelllade-Geschützen in Panzerturm-Drehlafetten und zwei 24-cm-Langrohr-Geschützen bestückt.

- Fort Yunisan, auf der gleichnamigen Halbinsel am Hafen angelegt, mit vier 21-cm-Langrohr-Geschützen bestückt.

- Tsingtau-Batterie, am Hafen gebaut, mit zwei 15-cm-Schnelllade-Kanonen und zwei 15-cm-Langrohr-Geschützen bestückt.

- Batterie Bismarckberg, bestückt mit vier, in Panzerkuppeln mit 360 Grad Wirkbereich und in gewachsenen Fels eingelassenen, 28-cm-Küstenhaubitzen.

Deutsche Soldaten auf den Befestigungen von Tsingtau

Die Iltisberg-Batterie

- Iltisberg-Batterie, ausgestattet mit zwei feststehenden 10,5-cm-Schnelllade-Geschützen mit Splitterschild in der oberen Batterie sowie sechs freistehenden 12-cm-Festungsgeschützen mit hohen Rädern auf Holzlafetten in der unteren Batterie.

- Fünf Infanteriewerke, von Süden nach Norden durchnummeriert, zur Landseite hin gelegen.

Bis 1914 blieb Kiautschou allerdings von militärischen Auseinandersetzungen weitgehend verschont. Der Boxerkrieg berührte das Schutzgebiet nur am Rande. Während des russisch-japanischen Krieges 1904/05 zog Vizeadmiral von Prittwitz und Gaffron aus Sicherheitsgründen sämtliche Schiffe des Ostasiengeschwaders in Tsingtau zusammen. Nach dem Durchbruchsversuch der russischen Flotte bei Port Arthur liefen Mitte August 1904 das Linienschiff „Zessarewitsch", der Kreuzer „Nowik" sowie mehrere Torpedoboote in den Hafen von Tsingtau ein, um hier Schutz vor den japanischen Verfolgern zu finden. Während „Nowik" Kiautschou innerhalb von 24 Stunden wieder verließ, wurden die übrigen russischen Schiffe schließlich, gemäß den allgemeinen Neutralitätsregeln, entwaffnet und ihre Mannschaften interniert.

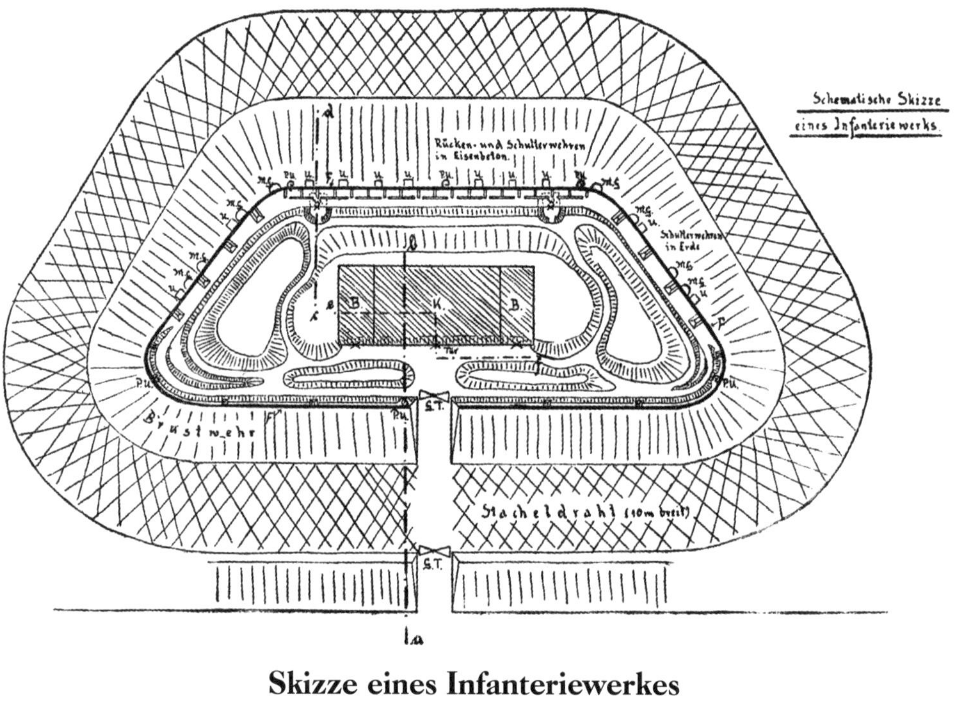

Skizze eines Infanteriewerkes

Das Ostlager bei Tsingtau

Matrosen-Artillerie des III. Seebataillons

Unteroffizier der Marine-Feldbatterie des III. Seebataillons

Das III. Seebataillon im Boxerkrieg

Während der Boxerunruhen des Jahres 1900 gelang es dem Gouverneur von Schantung, Yüanschikai, zwar, in seiner Provinz größtenteils die Ordnung aufrechtzuerhalten, dennoch erforderten Plünderungen mehrerer Baubüros der Eisenbahn nahe Kaumi durch Aufständische im Frühjahr eine vorübergehende Verlegung von 120 Seesoldaten, 2 Geschützen, 2 Maschinengewehren und 20 Reitern der Tsingtauer Garnison in die Stadt Kiautschou. Schließlich wurde, angesichts der akuten Bedrohung des Pekinger Gesandtschaftsviertels durch die marodierende Boxerbewegung, fast die Hälfte des III. Seebataillons – sowie sämtliche Kriegsschiffe – mit dem eingetroffenen internationalen Expeditionskorps nach Norden entsandt.

„Am 28. Mai (1900) bat der Gesandte Freiherr von Ketteler in Peking um militärischen Schutz. Am 29. ging eine Abteilung von 5 Unteroffizieren und 45 Mann unter Führung des Oberleutnants Graf von Soden mit S.M.S. „Kaiserin Augusta" nach Taku und von da nach Peking. Diesem kleinen Häuflein war es beschieden, sich und damit den deutschen Namen mit unverwelklichem Lorbeer zu schmücken.

Vom 12. Juni bis zum 14. August waren die Schreckenstage von Peking. 64 Tage lang haben die Braven unter ihrem heldenhaften Führer zusammen mit den ebenfalls nur geringen Gesandtschaftswachen der Österreicher, Engländer, Russen, Franzosen, Italiener, Amerikaner und Japaner das Leben von 600 Menschen, dem Personal der elf Gesandtschaften in Peking, gegen eine mehr als hundertfache Übermacht verteidigt. Dabei schossen die Chinesen nicht etwa mit Pfeil und Bogen, sondern mit Kruppschen Geschützen und mit Gewehren neuesten Modells. Dass gerade die deutsche Gesandtschaft so lange hat verteidigt werden können, erscheint wie ein Wunder, wenn man bedenkt, dass die Chinesen ihre ausgezeichnet geschützten Artilleriestellungen bis auf 100 m, die Infanteriestellungen bis auf 20 m an die deutsche Stellung herangeschoben hatten. Graf von Soden erhielt den Orden Pour le mérite und zahlreiche ausländische Orden, sämtliche Mannschaften erhielten das Militärehrenzeichen 1. Klasse, einer das Militär-Verdienstkreuz, alle die kaiserlich-russische goldene Kriegsverdienst-Medaille, zwei das kaiserlich-russische St. Georgskreuz, außerdem wurden sämtliche Mannschaften auf Befehl S.M. des Kaisers bei ihrer Entlassung zu Unteroffizieren der Reserve ernannt. Zwölf sind gefallen. Am 18. September kehrte die Pekinger Abteilung nach Tsingtau zurück.

Auch an den übrigen militärischen Ereignissen dieser Wochen hatte das Tsingtauer Bataillon hervorragenden Anteil.

Ostasiatische Infanterie-Regimenter und Marine-Infanterie

Von links nach rechts: Offizier im Litewka mit Mütze, Unteroffizier im Drillichanzug mit Mütze, Soldat im Litewka mit Strohhut, Feldwebel im Litewka mit Helm, Hornist im Litewka mit Mütze, Marine-Infanterie (Seebataillone)-Seesoldat im Khaky-Anzug, Gefreiter im Litewka

Auf Ansuchen des Chefs des Kreuzergeschwaders wurden am 8. Juni zunächst 25 Mann nach Tientsin zum Schutze der dortigen Fremdenniederlassung geschickt, denen aber schon am 19. Juni 2 Kompanien zu je 120 Mann unter dem Befehl des Bataillonskommandeurs Major Christ selbst folgten.

Es waren die Tage, in denen die Landungskorps der Schiffe „Hansa", „Hertha" und „Gefion" die Takuforts erstürmen halfen und in den Kämpfen um Tientsin ihren Mann gestanden haben, in denen – 17. Juni – S.M.S. „Iltis", würdig seines Namens, bei der Beschießung der Takuforts sich seine einzigartige Bugverzierung verdiente. In all den Gefechten, die dem Entsatz von Tientsin, dem Entsatz des nach seinem verunglückten Vormarsch nach Peking in Hsiku eingeschlossenen Seymourschen Korps, sowie der Befreiung der in Peking Eingeschlossenen galten, fochten und bluteten auch die Mannschaften des III. Seebataillons. Der Sturm allein auf das Ostarsenal bei Tientsin am 23. Juni kostete der Kompanie Gené 10 Tote und 25 Verwundete. In all diesen Gefechten standen auch die deutschen Truppen wie die aller Verbündeten unter dem Oberbefehl des nachmals durch seine Verteidigung von Port Arthur zu so trauriger Berühmtheit gelangten russischen Generals Stössel. Schon Anfang Juli mussten die Kompanien wieder nach Tsingtau zurückkehren, da die Unruhen in der Provinz Schantung jeden Augenblick ein ernstes militärisches Eingreifen nötig machen konnten. Das schlichte und doch so vielsagende Lob, das Gouverneur Jäschke den Heimgekehrten spendete, war voll verdient: „Ihr habt in den schweren 14 Tagen so oft im Feuer gestanden, wie manche Truppen im Kriege 1870/71 nicht, und seid dabei vorwärtsgegangen wie auf dem Exerzierplatze.“ (Weicker, a.a.O., S. 207ff.)

Marine-Infanterie

Von links nach rechts: Unteroffizier im Dienstanzug, Hornist im Paradeanzug, Oberleutnant im Überrock, Stabsoffizier im Paradeanzug, Zeug-Kapitänleutnant im Großen Dienstanzug, Torpedo-Leutnant im Dienstanzug, Feuerwerks-Oberleutnant im Tagesanzug

In Schantung musste im Verlauf des Jahres nur einmal militärisch vorgegangen werden. Als Räuberscharen die Eisenbahnmagazine plünderten, erstürmten Verbände des Seebataillons am 15. Oktober 1900 die Dörfer Kelan und Schawo bei Kaumi, in denen sich die Verantwortlichen verschanzt hatten.

Zum Schutz der Bahnanlagen wurden abermals Besatzungen nach Kaumi, Kiautschou und Syfang gelegt, die dort noch bis 1906 verblieben.

Artillerie in Feuerstellung

Berittene Infanterie des III. Seebataillons

Die Rückkehr des III. Seebataillons nach Tsingtau

Als die tapferen Truppen des III. Seebataillons nach den schweren Kämpfen bei Tientsin nach Kiautschou zurückkehrten, um dort gegen etwaige Ausbrüche des chinesischen Fremdenhasses auf der Wacht zu stehen, wurde ihnen von den zurückgebliebenen Offizieren und Kameraden ein ebenso herzlicher wie ehrenvoller Empfang bereitet. Zunächst wurde ein feierlicher Feldgottesdienst abgehalten. Nach dessen Beendigung nahm der Gouverneur Jaeschke das Wort zu einer Ansprache, in der er, dem Ostasiatischen Lloyd zufolge, nach einem kurzen Rückblick auf die Ereignisse der letzten Zeit ausführte:

„Jeder wäre gern mitgegangen, das weiß ich. Die Zurückgebliebenen sahen euch 240, die ihr den vorausgegangenen 75 nacheiltet, mit Neid ziehen. Euch war die Ehre anvertraut, die Besatzung der Kolonie und euren Marineteil zu vertreten, und wir können stolz darauf sein, wie ihr uns vertreten habt. Trotzdem viele von euch junge Soldaten waren, so habt ihr euch nach Aussage eures Führers gehalten, wie alte.

Ihr habt in den schweren 14 Tagen so oft im Feuer gestanden, wie manche Truppe im ganzen Kriege 1870/71 nicht und seid dabei vorwärts gegangen wie auf dem Exerzierplatz. Eine unverhältnismäßig große Zahl ist von euch dabei auf dem Platze geblieben, ein Zeichen, dass der Gegner bei weitem nicht so zu verachten war, wie bisher angenommen wurde.

Das Opfer an jungem Leben und vielem Blute wird auch in diesem Falle nicht vergeblich sein. Es hat uns ein Anrecht gesichert auf die Beteiligung an den Vorteilen, welche der endgültige Ausgang des Kampfes den zivilisierten Nationen, die daran beteiligt sind, bringen muss, es hat der Welt gezeigt, dass der Soldatengeist in unserm Volke noch ebenso rege ist wie je, denn immer und überall wart ihr voran.

So statte ich euch denn nach eurer glücklichen Rückkehr, die wegen der Unruhen im Hinterlande der Kolonie nötig wurde, den Dank der Kolonie und der übrigen Besatzung ab. Ihr könnt euch freuen, dass ihr Gelegenheit hattet, ihn zu erwerben und eurem jungen Marineteil die ersten Lorbeeren zu erkämpfen.

Überhebt euch aber nicht, denn eure Kameraden, die nicht das Glück hatten, erwählt zu werden, hätten ihre Pflicht gegen ihren Kaiser und ihr Vaterland ebenso glänzend erfüllt. Unseren Dank

Das III. Seebataillon in Paradeaufstellung (Winteruniform)

statten wir ab, indem wir den Feldzugskompanien Gené und v. Knobelsdorff und ihrem Führer, Major Christ, drei Hurras bringen wollen. Den Tapferen von Tientsin: Hurra, Hurra, Hurra!“

Begeistert brausten die Hurras. Der Kommandeur des Bataillons, Major Christ, der die Expedition nach Tientsin geführt hatte, ergriff darauf das Wort. Mit kräftiger Stimme, bei der aber die Bewegung durchzitterte, sprach er:

„Im Namen meiner Offiziere und Mannschaften danke ich für die uns über die Maßen ehrenden Worte, die Sie soeben an uns gerichtet haben. Wir haben nur unsere Pflicht getan.

Wir haben sie aber freudig getan, weil es galt, die in Not und Gefahr befindlichen Kameraden, die in verzweifelter Lage auf Rettung harrenden Landsleute in Tientsin herauszuhauen.

Als am Abend vor dem Gefechte die letzten Töne des Abendgebets verklungen waren, habe ich angesichts des in der Ferne brennenden Tientsin meine Kameraden an die Worte erinnert, die Seine Majestät an uns gerichtet hat, als wir im März in Wilhelmshaven die Ausreise antraten. Die Worte lauten: „Solltet ihr dazu berufen sein, mit den Waffen für den deutschen Namen einzustehen, so erwarte Ich, dass ihr siegen oder sterben werdet, wie Ich das von Meinen deutschen Soldaten verlange!

Ein Teil meiner Kameraden hat mit seinem Blut und seinem Leben diesem kaiserlichen Gebote Folge geleistet, wir Überlebenden sind von neuem bereit, wenn es gilt, freudig ihrem heldenmütigen Beispiele zu folgen, mit dem alten deutschen Kampf- und Siegesrufe, in den ich alle einzustimmen bitte: Seine Majestät, unser allergnädigster Kriegsherr: Hurra!"

Paradeaufstellung des III. Seebataillons im Kasernenhof

Und wieder erschallten begeisterte Hurras, während die Musik die Nationalhymne spielte.

Den in den Kämpfen bei Tientsin gefallenen Kameraden widmet Major Christ folgenden Nachruf:

In heldenmütigem Kampfe, um den in Tientsin von feindlicher Übermacht eingeschlossenen Kameraden und Landsleuten die heißersehnte Befreiung zu bringen, fielen am 23. Juni d. J. vor dem Arsenal bei Tientsin Leutnant Friedrich, Sergeant Popp, die Seesoldaten Delmert, Nitsch, Stegmeier, Ludwig, Schmitz, Wißmeier und Klier. Sie alle sind freudig in den Tod gegangen für Kaiser und Reich. Hat auch fremde Erde die Tapferen aufgenommen, so ist ihnen ein dankbares, treues Gedächtnis bewahrt im Herzen der Offiziere, Unteroffiziere und Mannschaften des III. Seebataillons.

Kommando des III. Seebataillons, Christ, Major und Kommandeur
(nach: I. Scheibert, Der Krieg in China 1900–1901. Nebst Beschreibung des Landes, seiner Sitten und Gebräuche, Berlin 1909, S. 322f.)

Berittene Marine-Truppen in Tsingtau

Nach einer Felddienstübung

DIE ENTWICKLUNG DER STADT TSINGTAU

Als die Marinesoldaten des Vizeadmirals von Diederichs am 14. November 1897 in der Bucht von Kiautschou landeten, fanden sie nur ein kleines Fischerdorf, bewohnt von wenigen hundert Menschen, vor. Um das Dorf herum bestanden vier Militärlager. Lediglich zwei Gebäude hoben sich von ihrem Umfeld ab, ein um 1796 erbauter Tempel der chinesischen Himmelsgöttin Tien Hou und der Yamen, das Verwaltungsgebäude des hier residierenden Generals.

Anstelle des chinesischen Dorfes sollte unter deutscher Herrschaft innerhalb von nur wenigen Jahren eine große Stadt mit einer modernen Infrastruktur entstehen. Das neue Tsingtau wurde ausgestattet mit einem Netz chaussierter Straßen, einer Abwasserkanalisation, Wasserleitungen und elektrischer Beleuchtung, Krankenhäusern und Schulen, Kirchen, einem Postamt, einer Markthalle, einem Schlachthof und einer großen Brauerei. In kurzer Zeit entstanden eine wohlhabende Fremdenniederlassung, ein ansehnlicher chinesischer Stadtteil und ein großer Handelsplatz.

Grundlegend für den Aufbau Tsingtaus war dabei die Errichtung der Hafenanlagen, die bis 1904 schrittweise erweitert wurden und sich rasch zu einem weltweiten Umschlagplatz entwickelten.

Bei der Anlage der neuen Stadtbezirke folgte man unterschiedlichen Maßstäben. Im zeitgenössischen wilhelminischen Stil wurde für ansässige Europäer ein eigener Stadtteil erbaut, der deren Bedürfnissen voll und ganz entsprach, und sich von den benachbarten chinesischen Vierteln deutlich abhob. In diesem Stadtteil, der den Kern des neuen Tsingtau bildete, durften Chinesen zunächst nur als Angestellte und Dienstboten westlicher Herren wohnen. Hierzu gehörten, neben den eigentlichen Wohngebieten, auch der angrenzende Geschäfts- und Hafenbereich sowie ein idyllisch gelegenes Villenviertel mit Forstgarten, Sport- und Rennplatz und Badestrand. Westlich der Europäerstadt schlossen sich die Einrichtungen der Marinegarnison an.

Dem europäischen Stadtkern standen drei chinesische Vororte gegenüber, das Händler- und Handwerkerviertel Tapautau sowie die Arbeitersiedlungen Taitungtschen und Taihsitschen. Während in der Innenstadt nur nach europäischen Vorgaben gebaut werden durfte, überwog in den chinesischen Vierteln der einheimische Stil, allerdings nach deutschen Bauvorschriften. An chinesischen Bauwerken der vorkolonialen Zeit blieben nur der eingangs erwähnte Yamen und der Tempel der Himmelsgöttin erhalten.

Die Bucht von Tsingtau

Für die strikte Trennung zwischen den europäischen und den chinesischen Bevölkerungsteilen wurden hygienische Gründe angeführt. Den Anlass bildete eine 1899 ausgebrochene Flecktyphusepidemie. Erst 1912 wurde diese Trennung mit dem Zuzug wohlhabender Chinesen in das europäische Viertel aufgehoben. Infolge der Revolution von 1911 suchten Kaufleute, kaiserliche Würdenträger, Beamte und Gelehrte Schutz in der deutschen Kolonie und ließen sich dort nieder. Man gestattete ihnen den Ankauf von Grundstücken in Tsingtau.

Bis 1902 stieg die Einwohnerzahl der Stadt auf 15.600, in den folgenden elf Jahren schließlich sogar auf 55.000 an. Dabei blieb der Anteil der Nichtchinesen allerdings gering, der 1913 nur 4.500 betrug und sich zum größeren Teil aus Marinesoldaten zusammensetzte. 1910 standen beispielsweise 2.275 Soldaten 1.531 zivilen Bewohnern der Stadt gegenüber.

Im Schutzgebiet außerhalb Tsingtaus lebten 1897 etwa 80.000 Chinesen in 275 Dörfern, deren Zahl sich bis 1913 auf knapp 200.000 erhöhen sollte. Das rasche Bevölkerungswachstum der Stadt resultierte, neben der allgemein prosperierenden Entwicklung, auch aus den vorbildlichen hygienischen Bedingungen, welche dank moderner Einrichtungen der deutschen Verwaltung hier bald vorherrschten.

Die Hohenzollernstraße in Tsingtau

Das Auguste-Viktoria-Ufer von Tsingtau

Eine hochentwickelte Trinkwasseranlage sowie ein praktikables Abwasserentsorgungssystem trugen dazu bei, dass Tsingtau schließlich zu den gesündesten Städten in Ostasien zählte. So ging etwa die 1898 noch weithin grassierende Ruhr in nur kurzer Zeit gänzlich zurück.

Die Prinz-Heinrich-Straße mit der Post im Hintergrund

Grünflächen an der Albertstraße

Friedrichstraße, Hauptgeschäftsgegend

Der Erhöhung der allgemeinen Lebensqualität dienten ferner Aufforstungsmaßnahmen in der Umgebung von Tsingtau. Mit nachhaltigem Erfolg ließ die deutsche Verwaltung in den Jahren nach der Besetzung die kahlen Gebirgsgegenden des Schutzgebietes neu bewalden, womit sie Erholungsgebiete schuf und die Festigung der von Erosion bedrohten Böden vorantrieb. Selbst Kommissionen aus Japan kamen nach Kiautschou, um das Forstwerk der deutschen Kolonialherren zu begutachten.

Auf vielerlei Weise vollzog sich der Aufstieg Tsingtaus zur fernöstlichen Metropole. Schritte zu weiterer Modernisierung und Weltgeltung waren dabei – neben dem Ausbau des Hafenbereichs und der Eisenbahnlinien – nicht zuletzt:

- Die Eröffnung eines Stadtfernsprechdienstes (1899).

- Der Anschluss an das Welttelegrafennetz mittels der deutschen Kabelverbindung Schanghai-Tsingtau und Tschifu-Tsingtau (1900).

- Die Einrichtung einer ständigen Gewerbe- und Industrie-Ausstellung (1906).

- Die Herausgabe eigener Banknoten durch die Deutsch-Asiatische Bank im Schutzgebiet (1907).

Die Deutsch-Asiatische Bank in Tsingtau

Gleich mehrere Zeitungen und Zeitschriften erschienen über Jahre hinweg regelmäßig in Tsingtau und zeugten vom geistigen und kulturellen Leben im fernöstlichen Schutzgebiet. Seit 1900 veröffentlichte das Gouvernement ein „Amtsblatt für das Schutzgebiet Kiautschou". Von 1904 bis 1914 wurden die „Tsingtauer Neuesten Nachrichten" herausgegeben, welche die einzige in den deutschen Kolonien erscheinende Tageszeitung und Hauptinformationsquelle für die europäischen Bewohner von Kiautschou darstellten.

Hingegen galt das zwischen 1908 und 1912 bestehende Wochenblatt „Kiautschou-Post" eher als Boulevardzeitung für die chinesische Bevölkerung, deren politischer Inhalt stets vom Chinesenkommissar überprüft wurde.

Plan der Stadt Tsingtau

Daneben bestand ferner von 1902 bis 1906 die Wochenzeitschrift „Deutsch-Asiatische Warte", mit dem Kulturmagazin „Welt des Ostens". Ab 1913 erschien außerdem die Monatsschrift „West-Östlicher Bote", in deutscher Sprache, aber mit chinesischen Anmerkungen.

Blick auf die Reede von Tsingtau, im Hintergrund das Perlgebirge

Geschäftshaus in Tsingtau

Außerhalb des Schutzgebietes berichtete bereits seit 1898 der deutsche „Ostasiatische Lloyd“ aus Schanghai in einem Beiblatt „Nachrichten aus Kiautschou“ ständig über die Entwicklungen in der deutschen Kolonie.

Mehrmals besuchten hochrangige Persönlichkeiten aus Deutschland das aufstrebende Tsingtau. Prinz Heinrich von Preußen, der Bruder des Kaisers, stattete der fernöstlichen Bastion – unter anderem in seiner Eigenschaft als Oberkommandierender des Ostasiengeschwaders – immer wieder Besuche ab, zuletzt 1912.

Eine parlamentarische Kommission des Reichstages erschien 1907 im Rahmen einer Ostasienreise in Kiautschou, mit dem Ziel, verschiedene Studien durchzuführen. Im Juni 1910 kam schließlich Herzog Johann Albrecht von Mecklenburg – Regent von Braunschweig und zugleich Vorsitzender der Deutschen Kolonialgesellschaft – mit seiner Gemahlin nach Tsingtau.

Ansicht der Prinz-Heinrich-Straße

Ansichten der Schantungstraße in Tapautau

Jahresbericht über Kiautschou nach der Deutschen Kolonialzeitung vom 21. Februar 1914

Zur Stadtentwicklung von Tsingtau

„Ungeachtet der Wirren in China, die im Jahr 1913 bekanntlich gerade in dem nahegelegenen Hafenplatz Schanghai zu heftigen Ausbrüchen führten, ist die Entwicklung Tsingtaus in diesem Jahr eine gesunde gewesen."

Die Belege für dieses Urteil sind in den späteren Zahlenangaben im Einzelnen enthalten. Die Sicherheit, die unser Schutzgebiet für Leben und Eigentum bietet, hat die seit Beginn der großen Revolution beobachtete Verstärkung der Chineseneinwanderung weiterhin anhalten lassen. Eine Volkszählung im Juli 1913 ergab die Anwesenheit von 53.312 Chinesen im Tsingtauer Stadtgebiet gegen 34.180 im Juni 1910. Nach den vorjährigen Mitteilungen sind von diesem Zuwachs etwa 10 bis 12.000 Seelen auf den Zuzug von 1911/12 zu rechnen, sodass unter billiger Berücksichtigung des ersten Jahres des Trienniums und des Geburtenüberschusses die erneute Zuwanderung von Juli 1912 bis Juli 1913 auf 5 bis 7.000 Köpfe zu schätzen ist. Dieselbe Zählung stellte die europäische Bevölkerung im ganzen Schutzgebiet zu 2.069 Personen (natürlich ohne Militär) fest. Die Anzahl der Deutschen ist nicht angegeben, soll sich aber (nach dem „Ostasiatischen Lloyd") auf 1.855 belaufen haben. Die Einwohnerzahl Tsingtaus betrug am Zählungstermin, einschließlich des Militärs und der Wasserbevölkerung, 60.484 Personen (40.264 im Jahr 1910).

Dass diese starke Bevölkerungsvermehrung ihren Ausdruck in einer entsprechenden Veränderung des Stadtbildes finden musste, ist klar. Es kann deshalb nicht überraschen, zu hören, dass im eigentlichen Tsingtau „nur noch wenige unbebaute Grundstücke liegen" und „kaum noch unbebaute Grundstücke verkäuflich" sind, dass im Chinesenstadtteil Tapautau die Lücken der Bebauung fast ganz verschwinden, das Gelände am Großen und Kleinen Hafen erhebliche Fortschritte im Aufbau zeigt, und dementsprechend sich der Stadtteil am Großen Hafen mit Tapautau zusammenzuschließen beginnt. Dieser allgemeine Aufschwung hat mehrere (doch wohl chinesische?) Großfirmen veranlasst, ihren Geschäftssitz nach Tapautau zu verlegen. Es werden an einer späteren Stelle des Berichtes außerdem vier Export- und Importfirmen, zwei Seidengeschäfte, eine Dschunken-Reederei und ein Eisengroßgeschäft als chinesische Neugründungen aufgeführt.

Blick auf Tapautau

Die Christuskirche in Tsingtau

HANDEL UND VERKEHR

Kiautschou war Marinestützpunkt und Handelskolonie zugleich, als Handelsplatz aber das Tor der deutschem Kapital geöffneten Provinz Schantung. Als eigenständiges Wirtschaftsgebiet konnte die Kolonie zwar nicht gelten, dafür jedoch als Transit- und Industriezentrum.

Im Gegensatz zu den ausgedehnten deutschen Schutzgebieten in Afrika handelte es sich in China um ein eng begrenztes Territorium, dessen Hauptfunktion die Vermittlung des Güteraustausches zwischen zwei großen Wirtschaftsräumen bildete.

Insgesamt lässt sich die wirtschaftliche Entwicklung des Schutzgebietes in drei Phasen gliedern:

Dabei erstreckt sich die erste Phase von der Inbesitznahme der Bucht im November 1897 bis Ende 1903 und ist geprägt durch die Errichtung der Hafenanlagen sowie der Bahnlinie nach Tschoutsun. In dieser Zeit überwogen die Einfuhren bei weitem, da für den allgemeinen Aufbau massenweise Material aus Deutschland herangeschafft werden musste, andererseits jedoch die noch völlig unwegsamen Verbindungsstrecken ins Hinterland einen geregelten Warenaustausch sehr erschwerten.

Seit 1904 stiegen in einer zweiten Phase die Ausfuhren im Zuge eines verstärkten Ausbaus der Infrastruktur stetig an und es entstand ein intensiver Küstenverkehr mit Schanghai und der näheren Umgebung. Auch der russisch-japanische Krieg wirkte sich im Ganzen positiv auf das wirtschaftliche Wachstum des Schutzgebietes aus. Die Herstellung einer Zollunion mit China im Jahr 1906 brachte zwar eine größere Abhängigkeit von Schanghai, förderte aber gleichzeitig den weiteren Aufschwung.

In einer dritten Phase trat dann ab 1908 ein ausgedehnter Überseehandel mit Europa hinzu. Verschiedene Linien liefen Tsingtau nun direkt an und beförderten Waren unter anderem nach Deutschland, England, Italien und Belgien.

Innerhalb von zehn Jahren verneunfachte sich der Handel Kiautschous praktisch. Unter den insgesamt 36 Vertragshäfen Chinas – Hongkong mit eingeschlossen – stand Tsingtau 1904 an fünfzehnter, 1906 schon an elfter Stelle. Bereits im Jahr 1900 betrug der Wert der über die Vertragshäfen ein- und ausgeführten Güter weit über eine Milliarde Mark.

Die Markthalle von Tsingtau

Das Geschäftshaus der Firma Carlowitz

Das chinesische Seezollamt

1906 belief sich in Tsingtau die Einfuhr praktisch auf das Dreifache der Ausfuhr und betrug 74,7 Millionen Mark, wobei Waren nichtchinesischer Herkunft 56 Millionen Mark ausmachten.

Der gesamte Ein- und Ausfuhr umfassende Durchgangshandel von Kiautschou hatte – nach dem Dollarkurs von 1909 – bereits 1901/02 einen Wert von 16,5 Millionen Mark, bis 1908/09 erhöhte sich dieser bei stetigem Wachstum auf 117 Millionen Mark. Vier Jahre später – 1912/13 – machte der Handel des Schutzgebietes schon 180 Millionen Mark aus. Zum Vergleich: Der gesamte deutsche Handel mit dem Reich der Mitte belief sich 1905 auf 118,5 Millionen Mark, von denen 75,8 Millionen auf die Ausfuhr nach China entfielen.

Bei den in Kiautschou eingeführten Waren chinesischer Herkunft handelte es sich vor allem um Baumwollgarn aus Schanghai, Rohbaumwolle, Papier und Porzellan. An Waren nichtchinesischen Ursprungs passierten Tsingtau vor allem Erzeugnisse der Baumwollverarbeitung, Metalle, Anilinfarben, Nadeln, Kohlen, Petroleum, Zündhölzer und Zucker. Diese nichtchinesischen Einfuhren stammten zu einem Drittel aus Deutschland,

Ein Zug der Schantung-Bahn

ansonsten größtenteils aus Japan, Großbritannien und Nordamerika. Der Anteil der Flaggen am Gesamthandel Tsingtaus war folgendermaßen verteilt: 54 % deutsch, 29 % britisch und 13 % japanisch, während sich der Rest auf China und andere Staaten verteilte.

Zur allgemeinen Förderung des Handels wurde Tsingtau 1898 zunächst zum Freihafen erklärt, nur die für das chinesische Binnenland bestimmten Güter mussten verzollt werden. Nachdem Kiautschou am 1. Januar 1906 mit China eine Zollunion eingegangen war, erfolgte der Anschluss an die chinesische Seezollverwaltung.

Fortan unterlagen sämtliche in Tsingtau eingeführten Waren der Zollpflicht. Als Vergütung für die Tatsache, dass nun auch die im Schutzgebiet selbst verbrauchten Güter mit Zoll belastet wurden, erstattete das chinesische Seezollamt dem Gouvernement jährlich 20 % der Nettoeinnahmen zurück. Infolge der Zollunion fiel natürlich andererseits die Zollschranke zwischen Kiautschou und dem chinesischen Hinterland fort.

Im ersten Vierteljahr 1907 beliefen sich die Zolleinnahmen auf 590.000 Mark, 118.000 davon kamen dem Gouvernement zugute. Ende 1913 stand Tsingtau, was Zolleinkünfte anbelangt, an sechster Stelle hinter Schanghai, Tientsin, Hankou, Kanton und Sivatou.

Seit September 1905 bestand in Tsingtau eine Handelskammer, welche die gesamte europäische Kaufmannschaft umfasste und deren Aufgabe in der Wahrnehmung der allgemeinen Interessen des Handels, der Industrie und des Gewerbes bestand. Sie sollte zudem neue Erwerbsquellen ausloten, schiedsrichterliche Entscheidungen vermitteln sowie das kaufmännische Gewohnheitsrecht fortbilden. Für die chinesische Kaufmannsschicht leistete diesen Dienst das Chinesische Komitee.

Von wesentlicher Bedeutung für die wirtschaftliche Entwicklung des Kiautschougebietes war der bereits im Pachtvertrag thematisierte Ausbau der Eisenbahnlinien. Für den Bau der geplanten Schantung-Bahnlinie wurde im Juni 1899 in Berlin mit einem Kapital von 54 Millionen Mark die Schantung-Eisenbahn-Gesellschaft als Aktienunternehmen gegründet. Zunächst sollte zwischen Tsingtau und der Provinzhauptstadt von Schantung, Tsinanfu, eine 435 km lange, eingleisige Verbindung entstehen.

Lagerhäuser im Hafenbereich

Am 23. September 1899 wurden in Gegenwart des Prinzen Heinrich in Tsingtau die ersten Spatenstiche getan. Trotz des Boxerkrieges konnte bereits im April 1901 die erste Teilstrecke bis zur Stadt Kiautschou eröffnet und am 1. Juni 1904 schließlich die gesamte Linie planmäßig vollendet werden.

Der Ausgangsbahnhof lag im europäischen Stadtkern von Tsingtau. In einem nach Norden ausgreifenden Bogen erreichte die Bahnlinie die Stadt Kiautschou und die Handelsmetropole Weihsien. Von dort aus verlief sie entlang des Gebirges, über Tsingtschoufu

Der Bahnhof von Tsingtau

und Tschoutsun, bis nach Tsinanfu. Um den Zugang zu den dortigen Kohlenfeldern zu erleichtern, richtete man noch eine Zweigstrecke zwischen Tschangtien und Poschan ein.

Hauptsächlich diente die Bahnlinie der raschen Zufuhr der Schantungkohle nach Tsingtau sowie der Beförderung von Handelsgütern. 1906 wurden bereits 368.000 t Güter mit der Eisenbahn transportiert. Dabei standen Kohlen und Koks mit 13.716 Wagenladungen an erster Stelle. Weiterhin lieferte die Bahn in jenem Jahr aus Schantung nach Tsingtau 2.950 Wagenladungen Bohnen, 246 Wagenladungen Öl, 146 Wagenladungen Baumwolle, 119 Wagenladungen Obst, 75 Wagenladungen Getreide und 34 Wagenladungen Tabak, an Industrieprodukten 351 Wagenladungen Töpfer- und Glaswaren, 284 Wagenladungen Strohgeflechte und Strohmatten, 100 Wagenladungen Besen, 36 Wagenladungen eiserne Töpfe und Watte sowie 7 Wagenladungen Seife. Aus Tsingtau nach Schantung brachten Züge 1.006 Wagenladungen Bau-, Brenn- und Grubenholz, 698 Wagenladungen Baumwollgarn, 647 Wagenladungen Tuch, 388 Wagenladungen Eisen, Eisenwaren und Maschinen, 382 Wagenladungen Papier, 310 Wagenladungen Petroleum, 229 Wagenladungen Sammelkaufmannsgut, 225 Wagenladungen Zucker und 103 Wagenladungen Indigo. Als Wagenladung sind dabei 15 t gerechnet.

Zwei Jahre später – 1908/09 – wurden allein auf der Strecke Poschan-Tschangtien schon 650.000 t Kohle transportiert.

Auch chinesische Kleinhändler erkannten rasch die mit dem Ausbau der Infrastruktur verbundenen Absatzchancen und nutzten – anstelle der herkömmlichen Karren – schnell die Schantung-Bahn zur Beförderung ihrer Waren. Selbst ihre Viehtransporte vertrauten die Chinesen schließlich der Eisenbahn an. 1907 wurden bereits über 5.000 Stück Rinder verladen, ferner Esel, Pferde, Schweine, Maultiere und Schafe. Um die Bahnstationen herum entstanden in Kürze Ansiedlungen einheimischer Händler, Fuhrleute, Arbeiter, Handwerker und Krämer.

Brücke der Schantung-Bahnlinie

Bahnhof in Tsinanfu

Bei Syfang lagen die Reparaturwerkstätten der Bahn. Sie umfassten ein Kessel- und Maschinenhaus, eine Schmiede, ein Sägewerk, Magazine, Lokomotivschuppen, Beamtenwohnungen und ein Chinesenwohnhaus.

Im Jahr 1908 fuhren pro Tag 16 Züge. Was den Personenverkehr anbelangt, ging ein gemischter Zug – für Europäer und Chinesen – täglich von Tsingtau nach Tsinanfu und zurück. Ansonsten verkehrten Lokalzüge zwischen Kaumi und Tsingtau, Kaumi und Weishien, Tschangtien und Fangtse sowie Tschangtien und Tsinanfu. Auf der Zweiglinie Tschangtien-Poschan liefen je zwei Züge in jede Richtung. Wöchentlich wurden etwa 15.800 Personen befördert. In Tsinanfu hatten die Reisenden Anschluss an das chinesische Streckennetz – und damit auch an die Transsibirische Eisenbahn: Eine Fahrt von Berlin nach Tsingtau dauerte in der Regel 12 bis 14 Tage.

„Das Wagenmaterial umfasst jetzt (1908) 690 Güterwagen, 107 Personen- und Gepäckwagen und 27 Lokomotiven. Die Namen einiger Lokomotiven: „Rosendahl“, „Jaeschke“, „Dr. Ferdinand von Richthofen“, „Adolph von Hansemann“ (Gründer der Schantung-Eisenbahn-Gesellschaft)

vergegenwärtigen ein Stück Geschichte des Bahnbaues. Hochstehenden Persönlichkeiten und den Herren des Direktoriums steht ein Salonwagen zur Verfügung.

Es gibt Personenwagen 1. und 2. Klasse, und solche 3. Klasse für chinesische Reisende, denen die beiden ersten Klassen zu teuer sind. Diese Chinesenwagen sind nicht offen, wie auf der Pekinger Bahn; sie sind wie unsere alten Wagen 4. Klasse ohne Bänke. Jetzt entsprechen die Klassen unserer 2., 3. und 4. Klasse (in Deutschland). Im Anfang wollte man nur 1., 2. und 3. Klasse-Wagen fahren. Wie sehr aber die billigere 4. Klasse den Bedürfnissen der chinesischen Bevölkerung entspricht, geht aus der Beförderungsziffer hervor, die mit dem Einstellen dieser billigen Klasse sofort von monatlich 4.000 auf 16.000 sprang.

Der Fahrpreis beträgt (1908) in den drei Klassen 3, 2 und 1 Cent für 1 km, also gegenwärtig etwa so viel wie in unserer 1., 2. und 4. Klasse, ohne die Fahrkartensteuer.“
(Weicker, a.a.O., S. 160f.)

Bereits im ersten Jahr, da sie voll in Betrieb war, 1905, hatte die Bahn eine Tageseinnahme von 12.000 Mark zu verzeichnen. Insgesamt ergab dieses Jahr einen Reingewinn von über 3.800.000 Mark.

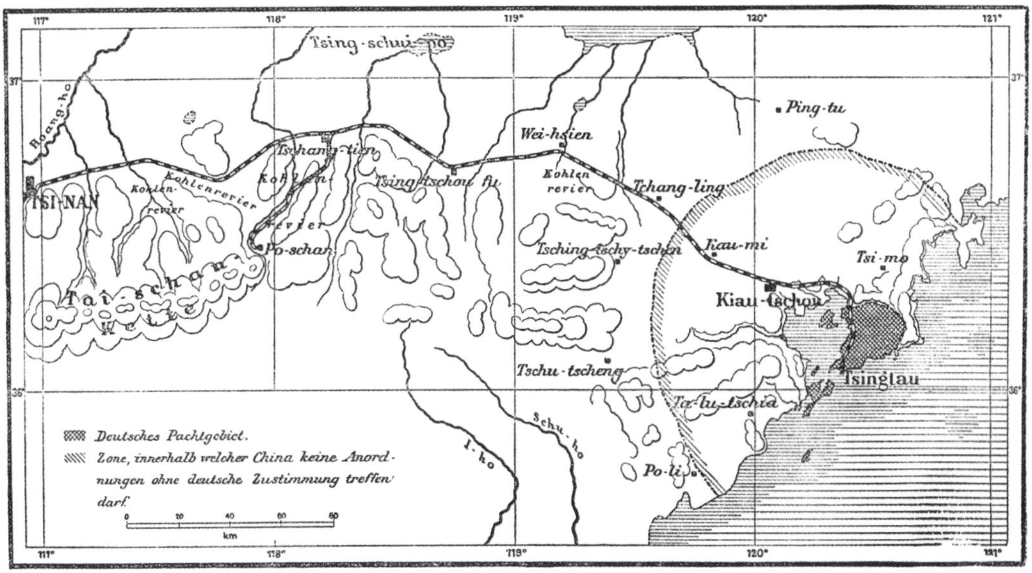

Karte der Bahnlinie Tsingtau-Tsinanfu

Der Bau der Bahnlinien erfolgte im Allgemeinen nach den Vorschriften der Vereinbarungen des Vereins Deutscher Eisenbahnverwaltungen. Für die Konstruktion von Brücken sowie des Betriebsmaterials an Lokomotiven und Waggons blieben die von der Königlich Preußischen Staatseisenbahnverwaltung festgelegten Bedingungen maßgebend. Die Spurweite entsprach der Normalspur von 1,435 m. Mit Ausnahme des Bauholzes und der Steine wurde das gesamte Bedarfsmaterial aus Deutschland bezogen. Das Verlegen der Gleise, ebenso wie ein Großteil der Erd- und Mauerarbeiten überantwortete man chinesischen Unternehmern. Zeitweise waren zwanzig- bis fünfundzwanzigtausend Chinesen am Bahnbau beschäftigt. Der respektlose Umgang der beauftragten Bahnbaugesellschaft mit örtlichen Grabhainen führte allerdings mitunter zu Widerstandsaktionen der einheimischen Bevölkerung.

856 eiserne Brücken mit 984 Öffnungen mussten gebaut werden, die größten über den Litsunfluss, den Grenzfluss Paischaho, den Schikiaho, den Tseho und den Takuho. Allein die Anlage über den Paischaho besaß acht Öffnungen zu 30 m.

Neben der Eisenbahn gebührte dem Hafen der Hauptverdienst am aufblühenden Handel Tsingtaus. Der Ort besaß, seiner doppelten Bestimmung gemäß, zwei Hafenanlagen – eine für Kriegs-, die andere für Handelsschiffe. Letztere, an der Innenbucht gelegen, wurde am 2. September 1898 für alle Nationen als Freihafen geöffnet, mit der Maßgabe, dass das Freihafengebiet die ganze deutsche Pachtung umfasste. Ein deutlicher Beweis, dass Deutschland die Politik der „offenen Tür" – zu deren Absicherung auch ein Abkommen mit England erfolgte – von Anbeginn ernsthaft befolgte.

Den Handelshafen stattete man mit einer 160 m langen, eisernen Landungsbrücke aus, die später für den Verkehr der auf der Reede ankernden Schiffe noch erweitert wurde. 1904 kam es zur Fertigstellung der ersten Mole des neuen Überseehafens. Am sechsten Jahrestag der Pachterwerbung Kiautschous erfolgte ihre Freigabe für den Verkehr. Feierlich übergab Baudirektor Rollmann Mole I an den Gouverneur. Unter den Glückwünschen, die im Anschluss an den Kaiser übersandt wurden, befanden sich auch jene des Gouverneurs von Schantung, Tschoufou, des Direktors des Amts für Handelsangelegenheiten Hsiangyingtschun sowie der chinesischen Kaufmannschaft.

Da eine Mole allein kaum in der Lage war, den aufkommenden Schiffsverkehr zu bewältigen, begann bald der Bau einer zweiten, dritten und vierten. Schließlich konnten sogar die größten Ozeandampfer hier bequem anlegen, ihre Waren direkt in die Güterwagen der Schantung-Bahn verladen oder in mächtigen Schuppen löschen. Die fertige Kailänge betrug 2 km. Eine Werft mit einem Hebekran für 150 t Gewicht und ein Schwimmdock

Verkehrsbild von der Mole II

Das Geschäftshaus der Hamburg-Amerika-Linie

Die Mole I in Tsingtau

von 125 m für Schiffe bis zu 16.000 t vervollständigten die technische Einrichtung. Den Bedürfnissen der chinesischen Dschunkenschifffahrt trug ein weiterer, kleinerer Hafen Rechnung, der etwas südlich lag.

Am Schiffsverkehr im Tsingtauer Hafen war in erster Linie die Hamburg-Amerika-Linie beteiligt. Sie unterhielt mit ihren, speziell für diese Strecke eingerichteten Postdampfern eine regelmäßige Verbindung zwischen Tsingtau und Schanghai sowie Tsingtau und Tientsin. So bestand auf der Strecke Tsingtau-Schanghai zweimal wöchentlich Post- und Fahrgelegenheit. Außerdem ging alle vierzehn Tage der Hapag-Dampfer „Hoangho" nach Kobe in Japan ab.

Den Verkehr zwischen den kleineren chinesischen Küstenplätzen besorgten nach wie vor Dschunken. In Tsingtau und den an der Küste des Schutzgebietes gelegenen Häfen wurden jährlich über 4.000 dieser traditionellen Segler abgefertigt. Sie beförderten allein im Jahr 1906 Waren im Wert von 17 Mio. Mark.

Ansichten der Werft mit dem 150-t-Kran

Insgesamt steuerten in jenem Jahr 439 Schiffe, 438 Dampfer und ein 1 Segler Kiautschou an. Von ihnen fuhren drei Fünftel unter deutscher Flagge. Der Tonnenzahl nach beteiligten sich am Schiffsverkehr Deutschland mit 58 von 100, England mit 24, Japan mit 9,5, Norwegen mit 4,5, China mit 1,5, die USA und Russland mit 1 sowie Schweden mit 0,5.

Blick auf die Hafenanlagen von Tsingtau

Im Jahr 1907/08 liefen 432 Schiffe mit 519.000 Registertonnen im Hafen von Tsingtau ein, 1908/09 dann 511 Schiffe mit 670.000 Registertonnen, 1911/12 schließlich 727 Fahrzeuge mit 1.136.012 Registertonnen. Der Gesamtwert des Handels betrug 1913 200 Mio. Goldmark. Zunehmende Bedeutung gewannen besonders der Verkehr mit Wladiwostok sowie der Überseehandel mit den Vereinigten Staaten.

Ein Transportdampfer verlässt das Schutzgebiet

Hof des Strohborten-Exporthauses Sander, Wieler & Co.

Das Lagerhaus der Firma im Hafenbereich

Abfahrt eines Transportdampfers von Tsingtau

Die Arbeit an der Kohlenmohle

Jahresbericht über Kiautschou nach der Deutschen Kolonialzeitung vom 21. Februar 1914

Zu Handel und Verkehr

Der Außenhandel Tsingtaus gibt ein wesentlich anderes Bild als im vorigen Jahr. Der damalige Bericht wies nach, dass die Einfuhr an dem wesentlichen Fortschritt des Gesamthandels von rund 70 auf rund 90 Millionen Dollar in geringerem Maße als die Ausfuhr beteiligt war. Im jetzt behandelten Geschäftsjahr ist gerade umgekehrt die Einfuhr wesentlich gestiegen, während die Ausfuhr nur einen ganz geringen Fortschritt aufzuweisen vermag. Ungewöhnlich hoch ist gegenüber dem Wachstum des Gesamthandels (um 5,8 Prozent von rund 90 Millionen auf 94 ¾ Millionen Dollar) die Zunahme der Seezoll-Einnahmen um volle 34 Prozent (von 1.406.000 auf 1.884.000 Haikuan-Taels). Das Missverhältnis erklärt sich aus einem starken Rückgang der Einfuhr von Waren chinesischen Ursprungs (von 22 auf 15,3 Millionen Dollar), der wieder in starkem Gegensatz zu der Zunahme dieser Einfuhr im Vorjahr gegen das Jahr 1910/11 von 8,4 auf die eben erwähnten 22 Millionen Dollar steht. Danach scheint die im Vorjahr gegebene Erklärung der chinesischen Mehreinfuhr, durch eine infolge der Zuwanderung so vieler Chinesen gewachsene Nachfrage nach chinesischen Erzeugnissen doch nicht ganz zutreffend gewesen zu sein.

Der Rückgang der chinesischen Einfuhr wird mehr als ausgeglichen durch die Zunahme der nichtchinesischen um volle 11 Millionen Dollar (30,9 zu 41,9 Millionen Dollar), wohlverstanden ohne Eisenbahn- und Bergbaumaterialien, die ja dem chinesischen Einfuhrzoll nicht unterliegen. Leider ist, im Gegensatz zu den vorjährigen Angaben, der deutsche Anteil an dieser Warenlieferung, der damals auf 16,2 Millionen Mark bewertet wurde, nicht angegeben, recht bedauerlich, weil gerade diese Zahl von besonderem Interesse wäre.

Der große Schiffsverkehr ist stärker gewachsen als im Vorjahr, mit dessen Zunahme von 137 Schiffen und 111.000 Netto-Registertonnen, da er mit einem Mehr von 175 Schiffen mit 154.500 Netto-Registertonnen auf 902 Schiffe und 1.290.000 Netto-Registertonnen stieg. Erfreulich ist dabei die Zunahme der deutschen Flagge, die von 317 Schiffen (243 im Vorjahr) geführt wurde. Über die Einfuhrartikel sind weitere Angaben nicht gemacht, außer dass Erz von Wladiwostok hauptsächlich von russischen und norwegischen Dampfern eingebracht wurde. Dagegen wird auf den Rückgang der Ausfuhr von Strohborten, Bohnen und Erdnussöl hingewiesen, dem eine Steigerung der Verschiffung von Erdnüssen,

Handelshaus der Firma Carl Bödiker & Co.

Datteln, Eiern und Eierfabrikaten, Kohlen, Salz, Seide und Häuten gegenübersteht. Besondere Erwähnung verdient außerdem die Sommerausfuhr lebender Ochsen nach Wladiwostok, die im Winter durch eine Versendung von frischem, gefrorenem Fleisch ersetzt wird.

Die im vorstehenden nachgewiesene allgemeine Steigerung von Handel und Verkehr findet ihren Ausdruck auch in der Haushaltsrechnung des Schutzgebietes. Die „eigenen Einnahmen" des Schutzgebietes sind von 6.739.480 M auf 7.736.812 M gestiegen. Im Einzelnen ist folgendes hervorzuheben:

„Der vermehrte Zuzug von Chinesen in den letzten zwei Jahren hat zunächst einen Einfluss auf die Einnahmen aus Landverkäufen ausgeübt. Diese betrugen im Vorjahr 625.531 M und beliefen sich auch im Berichtsjahr noch auf 358.956 M. Dementsprechend steigerte sich die Grundsteuer von 169.665 M auf 215.418 M. Die infolge der Landverkäufe einsetzende Erhöhung der Bautätigkeit brachte die Baupolizeigebühren von 19.538 M auf 35.900 M. Die Steigerung des Einfuhrhandels drückt sich in der hohen Summe des Anteils an den Einnahmen des chinesischen Seezollamts (768.920 M gegen 471.834 M im Vorjahr) aus. Der vermehrte Handels- und Schifffahrtsverkehr hat eine Steigerung der Hafengebühren von 207.280 M auf 244.598 M und der Einnahmen der Kajenverwaltung von 834.390 M auf 996.282 M gebracht. Die Einnahmen des Schlachthofs sind – insbesondere durch die Schlachtungen für den Fleischexport nach Wladiwostok – von 107.774 M auf 195.735 M gestiegen."

Über die Erträge der Kaiserlichen Werft und des Elektrizitätswerkes sowie des Wasserwerkes sind keine Angaben gemacht. Während die Aufforstungen in dem Gelände unmittelbar an der Stadt fertiggestellt sind, werden sie im Landgebiet energisch fortgesetzt. Der Verkauf von Forstpflanzen (besonders Akazienpflanzen) ist immer noch lebhaft und einträglich. Allerdings sind die Erfolge der Forstverwaltung nur in stetem Kampfe mit zahlreichen Schädlingen, unter denen der Kieferspinner am unangenehmsten ist, zu erringen…

Die schon seit Jahren bekannte Abbauwürdigkeit der oberflächlichen Eisenerzlager bei Tsinlingtschen (einige Kilometer nördlich der Schantung-Eisenbahn, etwa dreiviertel Weges bis Tsinanfu) wird durch den Bericht von neuem bestätigt. Er lässt durchblicken, dass nun nach dem Übergange des Eigentums der Schantung-Bergbau-Gesellschaft an die Schantung-Eisenbahn-Gesellschaft endlich eine Verwertung jener Bodenschätze zu erwarten ist. (Nach neuesten Zeitungsmeldungen soll der Bau von zwei Hochöfen am Tsingtauer Hafen geplant sein.)

Damit würde Kiautschou allerdings „aus dem Stadium einer reinen Handelskolonie in das einer aussichtsvollen industriellen Entwicklung" treten, umso mehr, wenn hinter dem Satze des amtlichen Berichts: „Es eröffnet sich die Aussicht, dass auch andere Industriezweige die Vorzüge des deutschen Schutzgebietes erkennen und sich dort ansiedeln werden", mehr als ein schwungvoller Hinweis auf unbestimmte Hoffnungen stecken sollte.

Selbstverständlich kann der Bericht an den kurz vor Jahresschluss erledigten Verhandlungen über die Bahnbauten Kaumi-Itschoufu-Ihsien-Hantschwan und Tsinanfu-Bezirk Schuntefu nicht vorübergehen. Er sagt von der Südschantung-Bahn:

„Diese Bahn erschließt den reichen Süden der Provinz Schantung, insonderheit die produktionsreiche Itschoufuebene, dem Hafen Tsingtaus. Durch den Kaiserkanal ist die Verbindung mit der Provinz Honan hergestellt, die als besonders fruchtbar gilt."

Und fährt dann fort:

„Die weiterhin geplante Schantung-Westbahn stellt eine direkte Verbindung Tsingtaus mit der Peking-Hankau-Bahn her, welche sie voraussichtlich südlich von Schuntefu treffen wird. Sie verbindet Tsingtau mit den reichen Gebieten von Westschantung, Tschili und Schansi. Besonders in Schansi stehen Handel und Industrie in Blüte.

Beide Bahnen werden dazu beitragen, dass das deutsche Schutzgebiet in immer engere und mannigfaltigere wirtschaftliche Beziehungen zu weiten Teilen des ungeheuren chinesischen Wirtschaftsgebietes tritt. Gerade hierin muss die Gewähr einer gedeihlichen Fortentwicklung des wichtigen Stützpunktes deutscher Wirtschaftsinteressen an der chinesischen Küste erblickt werden."

Dazu ist zu bemerken, dass es in der Tat von großer Wichtigkeit ist, dass endlich der Bau dieser beiden bereits im Jahr 1898 von der chinesischen Regierung durch Vertrag zugesagten Bahnen ausgeführt werden soll. Denn es kommt sehr viel darauf an, dass Tsingtau einen erheblichen Vorsprung vor seinen zukünftigen Konkurrenzhäfen gewinnt, ehe diese selbst in den Wettbewerb eintreten können; und es sind nicht weniger als vier Plätze, die mehr oder minder Aussicht haben, bald oder später zu Mitbewerbern Tsingtaus um die Ein- und Ausfuhr der für Tsingtau in Betracht kommenden Provinzen Nordchinas heranzuwachsen:

Pukou, Haitschou, Tschifu und neben ihm, aber auch an seiner Stelle, Lungkou an der Bucht gleichen Namens, an der Nordwestküste der Schantung-Halbinsel, wenn auch nicht verkannt werden darf, dass für die nächsten Jahre allein Pukou gefährlich werden könnte. Um allen Möglichkeiten vorzubeugen, muss aber die zur Verfügung bleibende Zeit jedenfalls nach Kräften ausgenützt werden, um so starke Grundlagen wie möglich „zu einer weiteren Entwicklung auf ganz neuen Gebieten des Wirtschaftslebens (Eisenwerk) sowie zu einer erheblichen Ausdehnung der örtlichen Einflusssphäre des deutschen Hafens auf ein weiteres Hinterland" zu legen.

In diesem Sinne können auch die im Bericht angekündigte Verbesserung der direkten Verbindung des Hafens Tsingtau mit Europa und der Versuch einer regelmäßigen Tourfahrt zwischen ihm und der Westküste Amerikas nur freudig begrüßt werden. Die erste soll vom Herbst 1914 ab dadurch herbeigeführt werden, dass die Lloyddampfer nicht mehr nur auf jeder zweiten, sondern auf allen Japanfahrten ein- und ausfahrend Tsingtau anlaufen und außerdem allmonatlich ein aus- und ein heimreisender Dampfer der Hamburg-Amerika-Linie den Hafen besuchen soll.

Der Versuch der Amerikafahrt ist mit einer neuen Linie Europa-Suez-Tsingtau-Amerika von der letztgenannten Gesellschaft angestellt worden. Er hat bisher zwar noch nicht befriedigt, soll aber in der Hoffnung auf allmähliche Entwicklung eines ausreichenden Verkehrs vorläufig wenigstens fortgesetzt werden. Die Frage, inwieweit für ihn die direkte Bahnverbindung Pekings mit Tsingtau von Bedeutung werden kann, ist in dem Bericht nicht berührt, wie auch über die bisherige Wirkung des Anschlusses der Tientsin-Pukou-Bahn auf den Tsingtauer Handelsverkehr nichts gesagt worden ist.

Minna-Schacht im Fangtse-Revier

DIE WIRTSCHAFT DES SCHUTZGEBIETES

Seit den Forschungsreisen Richthofens stand fest, dass Schantung reich an Steinkohle war und die ergiebigsten Abbaufelder nicht allzu fern von der Kiautschoubucht lagen. So stand die deutsche Erwerbung im Fernen Osten von Anbeginn auch unter dem Zeichen der Kohle, die zur Versorgung der eigenen Kriegsschiffe notwendig war.

Für eine gewinnbringende Förderung kamen vor allem drei Kohlenfelder in Betracht, die sich allesamt im Bereich der Eisenbahnlinie Tsingtau-Tsinanfu befanden: Fangtse bei Weihsien sowie – weiter landeinwärts – Poschan und Tsangkiu.

Gleich 1898 begann man mit den ersten Bohrungen im, Tsingtau am nächsten gelegenen, Fangtse-Gebiet. Nacheinander wurden hier drei Schächte in Betrieb genommen: Zunächst der Fangtse-Schacht, 1907 der Minna-Schacht, schließlich noch der Anni-Schacht. Schon der Fangtse-Schacht erbrachte eine Jahresförderung von 38.000 t. Die Tagesleistung des Anni-Schachtes betrug 1.500 t.

Die Belegschaft im Fangtse-Revier zählte 2.000 Köpfe. Da die Chinesen selbst traditionell Bergbau betrieben, war es nicht schwierig, einheimische Arbeitskräfte zu bekommen. Für sie wurden in der Nähe der Schächte Wohnungen errichtet.

In Poschan und Tsangkiu setzte die Kohleförderung erst einige Jahre später ein. Seit 1906 nahmen bei Poschan nacheinander zwei Schächte den Betrieb auf. 1907 waren im Schacht „Tsetschuan" 1.300 chinesische Arbeiter – unter der Leitung von 24 deutschen Beamten – tätig. Er erbrachte im Jahresquartal eine Leistung von 6.000 t Kohle. Flächenmäßig besaß das Poschan-Revier eine größere Ausdehnung als das von Fangtse.

Das Recht der Ausbeutung der Kohlenfelder oblag allein der Schantung-Bergbau-Gesellschaft, die ihren Sitz in Tsingtau hatte.

Während sich die Fangtse-Kohle in erster Linie als Heizmaterial im Hausgebrauch eignete, ließ sich jene aus Poschan auch als Brennstoff für Schiffe verwenden. Ab 1906 erhöhten eine neueingerichtete Kohlenwäsche und eine Brikettfabrik die Verwendbarkeit des geförderten Materials.

1907 betrug die Jahresförderung der Gruben bereits 162.000 t, bis 1910 stieg sie auf 400.000 t. Teilweise wurde die Kohle auch ausgeführt, vor allem nach Hongkong und Schanghai.

Die Anlagen der Kohlengrube in Fangtse

Die Direktion der Schantung-Bergbau-Gesellschaft in Tsingtau

Karren mit Strohborten

Neben Steinkohle verfügte Schantung noch über zahlreiche andere Bodenschätze, beispielsweise Eisen in Tieschan, Glimmer in Tschutschöng und Gold in Ninghai. An der Ausbeutung dieser Rohstoffe war auch die Deutsche Gesellschaft für Bergbau und Industrie beteiligt.

Vor 1897 dominierte in Kiautschou der Ackerbau, Industrie gab es praktisch gar nicht, nur ein geringer Teil der Bevölkerung befasste sich mit der Herstellung von Strohgeflechten und Seide. Im Hinterland von Schantung befanden sich hingegen Produktionsstätten für Glas, Ton und Emaille.

Nach der deutschen Besetzung siedelten sich zahlreiche Firmen an, die sich vornehmlich auf die Produktion von Ziegel konzentrierten – angesichts des Ausbaus der Stadt ein lukratives Geschäft. Anfang 1907 wurde als erstes deutsch-chinesisches Unternehmen eine Glasfabrik gegründet. Chinesische Kaufleute traten als Geldgeber auf und deutsche Betriebsbeamte bildeten die Vertriebsleitung.

Hauptausfuhrartikel Kiautschous blieb auch während der deutschen Herrschaft die sogenannte „Strohborte“:

Hirsefeld in Kiautschou

„Es sind aus Stroh geflochtene Bänder von verschiedener Breite und von verschiedenem Muster. Sie werden hauptsächlich zur Herstellung von Strohhüten benutzt. Schaho, 150 km nordwestlich von Tsingtau, ist Hauptsitz dieser Industrie. Ein Hauptabnehmer ist Südchina selbst. Doch geht die in Tsingtau verschiffte Ware zum größten Teil nach Amerika und Europa. In kubikmetergroßen Ballen, in Strohmatten eingeschnürt, werden diese Geflechte transportiert. 300 Wagenladungen solcher Strohborte hat die Eisenbahn 1906 nach Tsingtau gebracht. Im genannten Jahr sind hier über 62.000 Pikuls, das sind 75.000 Zentner, Strohborte im Werte von etwa 14 Millionen Mark ausgeführt worden. Damit ist Tsingtau der Hauptausfuhrhafen Nordchinas für diesen Artikel geworden und wird darin in ganz China nur noch von Schanghai um ein Geringes übertroffen." (Weicker, a.a.O., S. 140.)

Die pflanzliche Produktion beschränkte sich vollständig auf Erzeugnisse des Landbaues. Weizen, Sorghum, Reis, Sesam, Erdnüsse, Maulbeeren, Hirse und Hanf bildeten die Hauptgewächse, zu denen sich noch die Obstkulturen gesellten, darunter eine Zizyphusart mit dattelartigem Kern (Chinesische Dattel). Hinzu trat ferner der Weinbau. Für die Steigerung des landwirtschaftlichen Ertrages taten die Kolonialherren einiges: Edelobst aus Europa und Amerika wurde zur Nachbesserung der einheimischen Sorten in großer Menge eingeführt. Zudem probierte man den Anbau von Zuckerrüben, Kartoffeln und anderen Feldfrüchten:

„So hat die Verwaltung von Tsingtau auch dem Getreide- und Obstbau im Schutzgebiet von Anfang an ihre Aufmerksamkeit zugewendet. Pflaumen gab es ... schon, ehe die Deutschen hinkamen. Ebenso die sehr saftigen, erfrischenden Parsimonen, sowie Walnüsse, Aprikosen, Pfirsiche und Weintrauben; auch Äpfel und Birnen, diese aber nur in minderwertigen Sorten ... Neben deutschem Obst, Äpfel, Birnen, Kirschen, Erdbeeren, gedeiht ausgezeichnet auch das berühmte kalifornische Obst. Wie schön sich die Mühe für den Obstbau rentiert, zeigen schon jetzt die Marktpreise ... Der Wert des unter deutscher Anleitung gebauten Obstes übersteigt den Wert des alten chinesischen ... bereits um das Doppelte. Vom Beerenobst gedeiht am besten die Johannisbeere. Auch prachtvolle Weintrauben bringen die Chinesen auf den Markt, und rheinische Stecklinge vergelten bereits die an sie gewandte Arbeit ... An Getreide wächst auf den Feldern im Schutzgebiet wie von alters her vor allem Hirse, das Hauptnahrungsmittel der Bauern, sowie Weizen, Gerste, Mais, Buchweizen. Der vielgeliebte Reis wächst nur im südwestlichen Zipfel der Provinz Schantung ... Auch Weißkohl wird in solchen Mengen erzeugt, dass er einer der wenigen Ausfuhrartikel ist. Das Land gibt allermeist in zwei Jahren drei volle Ernten. Die erste bringt Ende August als Sommersaat etwas Hirse oder Kauliang oder Mais, die zweite Ende Juni des zweiten Jahres als Wintersaat Weizen, Gerste, Erbsen, die dritte bis zum Spätherbst desselben Jahres Ölbohnen, Süßkartoffeln, Buchweizen, Speiserüben, Weißkohl ... Da sie bei den Europäern so guten Absatz fand, hat sich als Feldfrucht die europäische Kartoffel schnell neben ihrer chinesischen Schwester Heimatsrecht erworben ... Als ebenso dankbar hat sich der Anbau von Spargel und anderem Gemüse erwiesen ... An Industriepflanzen sind noch Sesam und der Talgbaum angepflanzt worden."
(Weicker, a.a.O., S. 88–91.)

Das aus Bohnen und Erdnüssen gewonnene Öl bildete einen Handelsartikel, der in Höhe von mehreren Millionen Mark ausgeführt wurde.

Ein weltweit bekanntes Handelsprodukt der Provinz Schantung war die dort hergestellte hochwertige Seide. In ihrer Produktion versuchten sich die deutschen Kolonisten ebenfalls, allerdings weitgehend ohne wirtschaftlichen Erfolg. 1904 kam es zur Gründung der „Deutsch-Chinesischen Seiden-Industrie-Gesellschaft", die sich jedoch nach zehn Jahren – Anfang 1914 – wieder auflöste. Die Deutschen richteten vorbildliche Wohnheime für die Arbeiter in der Nähe der Fabrikanlagen sowie Fortbildungen für die chinesischen Kräfte ein, was die Tatsache, dass die Gewinne zumeist hinter den Ausgaben zurückblieben, aber nicht verschleiern konnte.

„Die Zucht der Seidenraupe und die Seidenweberei blüht heute besonders im Norden und Südwesten der Provinz (Schantung). Vornehmlich ist es ein braungelbes Seidengewebe, als Rohseide oder

Anlagen der Deutsch-Chinesischen Seiden-Industrie-Gesellschaft

Seidenspinnerei in Tsangkou

als Bastseide auch in Deutschland wohlbekannt, von der die meiste in Schantung hergestellt wird. Die leichteren Sorten werden zu Damenkleidern, Staubmänteln, Kissenüberzügen, Vorhängen, die schwereren zu Herrenanzügen benutzt. Die meiste Rohseide nimmt den Weg noch immer über Tschifu, doch ist auch in diesem Artikel die Ausfuhr über Tsingtau von Jahr zu Jahr gestiegen.

An diese in Schantung altheimische Industrie hat nun die „Deutsch-Chinesische Seiden-Industrie-Gesellschaft" angeknüpft. Anderthalb Stunden von Tsingtau entfernt, in Tsangkou steht die Seidenspinnerei. 1904 ist der Betrieb aufgenommen worden. Eine große Schwierigkeit bestand darin, für den, vom chinesischen natürlich verschiedenen Betrieb die nötige große Anzahl Arbeiter zu bekommen. Die Gesellschaft löste diese Aufgabe sehr geschickt. Sie wählte unter den auf ihre Aufforderung hin sich meldenden chinesischen Knaben etwa hundert körperlich und geistig besonders gut entwickelte aus. Diese wurden zunächst in einer besonders für sie errichteten Schule in deutscher Sprache, Lesen, Schreiben, Rechnen, etwas Geographie und in chinesischer Literatur unterrichtet. Diese Schüler waren dann monatelang die einzigen Arbeiter, bis sie soweit geschult waren, dass sie nun selbst wieder andere Arbeiter anlernen konnten. Dabei wurde aufs neue die Erfahrung gemacht, dass es nötig ist, den chinesischen Arbeiter fest zu disziplinieren und zu organisieren, wenn man in einem modernen Betrieb, wie dem einer Seidenspinnerei, eine wirklich gute Leistung von ihm erreichen will. Darum ist die Verwaltung des Unternehmens auch daran gegangen, ihre Arbeiterschaft auf Grund fester Arbeitsverträge in der Nähe der Fabrik fest anzusiedeln. So wohnen jetzt in geräumigen Arbeiterwohnungen, nach Geschlechtern getrennt, 900 bis 1.000 unverheiratete männliche und weibliche Arbeiter. In jeder Kaserne leben etwa 100 Arbeiter unter der Aufsicht chinesischer Hausväter und Hausmütter. Für die verheirateten Arbeiter ist ein Dorf mit Straßen und Plätzen erbaut; jedes Familienhaus hat einen Garten und etwas Ackerland. Jetzt wohnen hier an 300 Personen. Natürlich entsprechen sämtliche Anlagen allen hygienischen Anforderungen. Ein eigenes Hospital wird von chinesischen, europäisch geschulten Ärzten geleitet. Die Fabrik in Tsangkou stellt nur das Seidengarn her. Verwebt wird dieses zum größten Teil in Krefeld. Die Kiautschou-Seidenstoffe sind anerkannt vorzüglich, sind waschbar und sehr dauerhaft. Sie sind weit besser als die durch viele Knötchen und Unregelmäßigkeiten gekennzeichneten chinesischen Bastseidengewebe. Seltsamerweise schätzt das Publikum zum Teil noch gerade diese Fehler des Gewebes als Zeichen der „Echtheit". Insgesamt sind von Tsingtau 1906 für über 2 ½ Million Mark Seide ausgeführt worden." (Weicker, a.a.O., S. 138f.)

Auch auf dem Baumwollsektor waren deutsche Unternehmer zeitweise aktiv, scheiterten hier jedoch an der in Ostasien vorherrschenden japanischen Konkurrenz.

Das Reform-Realgymnasium in Tsingtau

Studenten in einem Teehaus

BILDUNG UND WISSENSCHAFT

Die deutschen Kolonialherren standen in Kiautschou einer alten Zivilisation gegenüber. Es galt hier nicht zuletzt, eine Brücke zu schlagen zwischen westlicher und östlicher Kultur. Gerade die Einrichtung vieler hervorragender Schulen – und die damit einhergehende Vermittlung europäischer Bildung – trug wesentlich dazu bei, den Ruf deutscher Tüchtigkeit im Fernen Osten zu verbreiten. Bis 1914 wurden im Schutzgebiet 26 Grundschulen, 10 Missionsschulen, 4 Berufsschulen und eine Spezialhochschule gegründet.

Im Jahr 1902 richtete das Gouvernement für europäische Kinder ein Reform-Realgymnasium mit Vorschule ein. Diese Regierungsschule erteilte auch die Berechtigung für den einjährig freiwilligen Militärdienst:

„Die Schule in Tsingtau, ein Reformrealgymnasium mit Vorschulklassen, wird vom Gouvernement unterhalten. Das Schulgeld beträgt für die Vorschulklassen 60, für die Unterklassen 81, für die oberen Klassen 102 $. Bei Geschwistern zahlt das zweite und dritte Kind die Hälfte, das vierte Kind ist frei. Mögen auch 5.000 $ Schulgeld einkommen, so ist das doch nur ein geringer Beitrag zu den Gesamtkosten des Schulhaushalts. 1907 bestand das Lehrerkollegium aus vier Oberlehrern und drei seminaristisch gebildeten Lehrern. Die Schülerzahl betrug in diesem Jahr 78, darunter 5 Mädchen in der Vorschule. Die anderen 79 Schülerinnen Tsingtaus werden zurzeit noch von den Nonnen des katholischen Klosters (Franziskanerinnen, Missionarinnen Mariens) unterrichtet ... Die Unterklassen Sexta bis Quarta sind lateinlos. Dafür beginnt in Sexta gleich das für Ostasien wichtige Englisch, in Quarta Französisch. In Untertertia setzt dann erst das Latein ein. 1907 haben die ersten Schüler die Untersekunda durchgemacht und damit die Berechtigung zum Einjährig-Freiwilligen-Dienst erlangt. Diesen Realgymnasialklassen gehen noch lateinlose Realklassen parallel für solche Schüler, deren Begabung oder sonstige Verhältnisse sie mehr auf einen vorwiegend praktischen Beruf hinweisen ... Doch nicht nur Tsingtauer Kinder besuchen die Schule. Auch aus Hongkong, Swatau, Ningpo, Schanghai, Tschifu, Peking und Niutschwang schicken Deutsche ihre Kinder nach Tsingtau auf die Schule. Die meisten von diesen auswärtigen Zöglingen wohnen in einem vom Gouvernement erbauten und von einem der Lehrer geleiteten Alumnat ... Mit der Schule in Tsingtau ist neben der deutschen Schule in Schanghai eine zweite Quelle deutscher Bildung im fernen Osten erschlossen worden. Diese Schulen sind keine bloß allgemeinen Lehrinstitute, sondern werden in nationalem Geiste geleitet.“ (Weicker, a.a.O., S. 102, 123ff.)

Chinesische Dorfschule

Für die Chinesen schuf man seit 1905 Elementar- und Volksschulen. Im Sommer 1914 bestanden sechzehn dieser Schulen mit etwa 700 Schülern. Je nach Betreiber wurden deutsche oder chinesische Bildungsinhalte – oder aber beides – vermittelt. Der Unterricht an den Elementarschulen in Taitungtschen und Fahaisy umfasste nur das Lesen und Schreiben des Chinesischen, Rechnen und etwas Geographie; der Unterricht war unentgeltlich. Als Lehrer beschäftigten die Kolonialherren hier Einheimische. Daneben bestand noch das traditionelle, von den Familien des Ortes unterhaltene Schulwesen fort.

Zu den allgemeinen Bildungseinrichtungen zählten selbstverständlich auch die Fachschulen – Lehrlingsschulen – der Werft und der Bahn.

Neben dem Gouvernement traten besonders die Missionen bei der Einrichtung von Schulen hervor. Im Pachtgebiet waren insgesamt vier Missionsgesellschaften tätig, nämlich die katholische Steyler Mission, die protestantische Berliner Gesellschaft, der Allgemeine Evangelisch-Protestantische Missionsverein sowie die amerikanischen Presbyterianer.

Mädchenschule der Berliner Mission

Die Katholische Mission

Die Deutsch-Chinesische Mädchenschule

„Unter deutschem Schutz hob sich die katholische Mission von Kiautschou und Südschantung zu großer Blüte empor.

Nach dem letzten Jahresbericht (1913) des gegenwärtigen Bischofs Hennighaus zählt das ganze Vikariat in 2.000 Gemeinden 70.000 Getaufte und 53.000 Katechumenen, von denen 5.617 Getaufte und 2.764 Katechumenen in 5 Hauptstationen unter 10 Priestern, 4 Brüdern und 21 Schwestern auf das Pachtgebiet und die Interessensphäre fallen.

Ihnen stehen seit 1898 drei protestantische Missionsgesellschaften gegenüber: Die Berliner Gesellschaft, deren Konferenzkreis 3 Hauptstationen mit 6 Missionaren, 985 Getauften und 175 Taufbewerbern umfasst; der allgemeine evangelisch-protestantische Missionsverein von Berlin, der liberale Flügel der deutschen Missionskreise, dessen 3 Pfarrer mit einigen Gehilfen in Tsingtau und Kaumi arbeiten, ohne bis jetzt eingeborene Gläubige gewonnen zu haben; endlich die nordamerikanischen Presbyterianer in Tsingtau mit 4 Missionaren und 1 Missionarin.“ (Deutschland als Kolonialmacht, S. 291.)

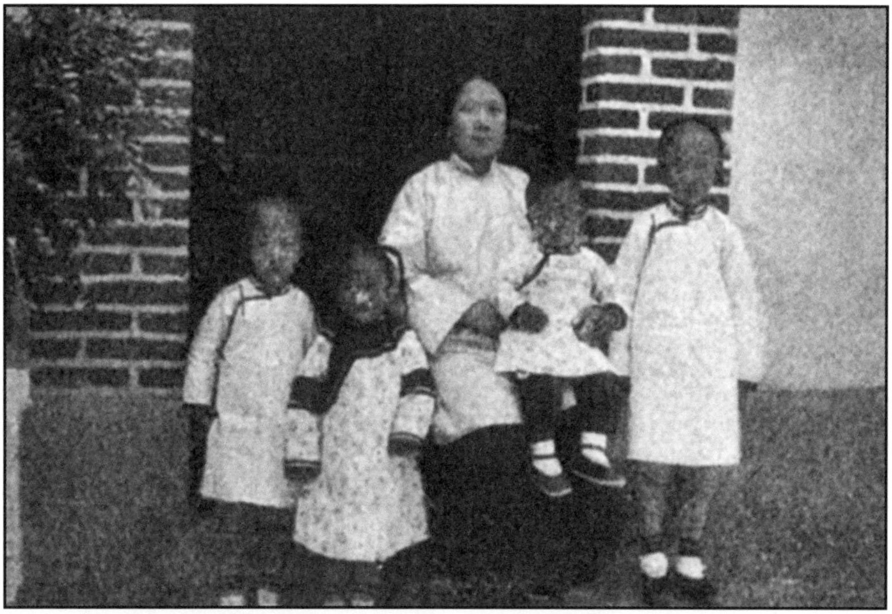

Chinesische Lehrerin mit Kindern

Knabenschule in Tsingtau

Einrichtungen des Allgemeinen Evangelisch-Protestantischen Missionsvereins

Die Missionare kümmerten sich besonders um die Ausbildung der weiblichen Jugend – auch der chinesischen – und sorgten für Heranbildung eines leistungsfähigen Lehrernachwuchses.

Ende 1906 befanden sich in Tsingtau 70 europäische Mädchen im schulpflichtigen Alter, die allesamt die von Nonnen betriebene katholische Höhere Töchterschule besuchten. Schülerinnen von auswärts wohnten größtenteils in einem der Schule angeschlossenen Pensionat. Wie das Reform-Realgymnasium schloss auch diese Mädchenschule mit der Hochschulreife ab, ihr Unterricht stand ebenfalls unter der Aufsicht des Gouvernements.

1911 gründete der Allgemeine Evangelisch-Protestantische Missionsverein die Deutsch-Chinesische Mädchenschule als erste Lehranstalt für Schülerinnen beider Nationalitäten. Im Juni des gleichen Jahres fand zudem erstmals eine Konferenz deutscher Lehrer im Schutzgebiet statt. Bereits einige Monate zuvor war die „Ostasiatische Lehrerzeitung" ins Leben gerufen worden.

Chinesische Mädchenschule des Evangelischen Missionsvereins

Schüler der Lehrlingsschule der Gouvernementswerft

Bedeutung erlangte die am 25. Oktober 1909 in Tsingtau eröffnete Deutsch-Chinesische Hochschule – ein gemeinsames Projekt beider Länder. Schon im Mai jenes Jahres verkündete ein Kaiserliches Edikt aus Peking, dass „für den Unterricht in fremden Sprachen auf allen mittleren Schulen des (Chinesischen) Reiches Englisch und Deutsch als die wichtigsten angesehen werden sollen". Neben einer fünfklassigen Unterstufe umfasste die neue Hochschule vier Fakultäten, ihre Absolventen besaßen die Zulassung zur traditionellen chinesischen Staatsprüfung. Der Andrang aus allen Provinzen und den besten Familien Chinas nahm in nur kurzer Zeit derartig zu, dass trotz fortgesetzter Erweiterungen der Universität immer nur ein geringer Anteil der sich Meldenden aufgenommen werden konnte. 1914 waren über 400 chinesische Studenten an der Hochschule eingeschrieben.

„Mit der Gründung der Deutsch-chinesischen Hochschule sollte dem deutschen Geistesleben ein möglichst weitgehender Einfluss auf das sich herausbildende moderne China verschafft werden. Bisher war der deutsche Kultureinfluss außerordentlich gering gewesen. Während die britischen und amerikanischen Missionen mit den ihnen zur Verfügung stehenden, reichen Mitteln schon früh zahlreiche niedere und höhere Schulen für die einheimische Bevölkerung einrichten konnten, schien dies den entsprechenden deutschen Einrichtungen aus Geldmangel lange Zeit kaum möglich. Die wenigen vom deutschen Schulverein gegründeten deutsch-chinesischen Elementarschulen in Kanton, Nanking, Hankau und Tientsin fielen dagegen – abgesehen von ihrer geringen Zahl – schon allein deshalb nicht ins Gewicht, weil sie sich hauptsächlich auf das Lehren der deutschen Sprache und die Vermittlung einer allgemeinen Bildung beschränkten. Für die praktisch veranlagten Chinesen war allerdings der Erwerb von Sprachkenntnissen nur dann sinnvoll, wenn ihm dieser den Weg zu einer höheren Fachschule zu öffnen vermochte. Wollte er eine europäische Sprache lediglich für sein Fortkommen in einem praktischen – beispielsweise kaufmännischen – Beruf erlernen, so bot ihm das weiter verbreitete Englisch mehr Vorteile.

Um eine Verwertung erworbener deutscher Sprachkenntnisse zur Erlangung einer höheren Berufswissenschaft in China selbst zu realisieren, war die Gründung einer eigenen Oberschule unabdinglich. Nach traditioneller chinesischer Anschauung erschien eine Fachausbildung aber nur wirklich wertvoll, wenn sie eine Laufbahn als Staatsbeamter ermöglichte oder auf einer staatlichen Institution erlangt wurde. Darin lag jedoch auch eine Schwierigkeit, denn die chinesische Regierung stand ausländischen Schuleinrichtungen, die ja fast ausschließlich unter der Leitung von Missionaren standen, sehr reserviert gegenüber. Sie argwöhnte, dass die Missionszöglinge ihrer heimischen Kultur, vor allem aber dem ethisch-sozialen System des eigenen Vaterlandes abtrünnig gemacht würden, und wollte einen solchen Preis für die Erwerbung abendländischen Wissens nicht zahlen. So bestimmte 1906 ein Erlass des chinesischen Unterrichtsministeriums, dass unter ausländischer Leitung stehende Schulen nicht anerkannt und ihre Absolventen weder zu einer staatlichen Prüfung zugelassen noch als Beamte eingestellt werden sollten.

Wollte man also deutscherseits eine höhere Bildungsanstalt erfolgreich etablieren, so musste das Vertrauen der chinesischen Regierung unbedingt gewonnen werden. Dies schloss vor allem den ausdrücklichen Verzicht auf jedwede religiöse Bekehrungstätigkeit mit ein. Außerdem musste neben dem deutschen die Erteilung chinesischen Unterrichts zugesichert werden.

Die Deutsch-Chinesische Hochschule Tsingtau

Auf dieser Grundlage wurden dann mit den zuständigen chinesischen Stellen jene Verhandlungen geführt, deren Ergebnis am 25. Oktober 1909 die Gründung der Deutsch-chinesischen Hochschule in Tsingtau war. Sie bestand aus einer Unterstufe, die Deutschkenntnisse und eine allgemeine westliche Bildung vermitteln sollte, sowie einer, in vier parallele Fachabteilungen gegliederten Oberstufe. Die Aufsicht über die Schule oblag den Regierungen Deutschlands und Chinas gemeinsam, wobei China 40.000 deutsche Mark Einrichtungskosten und bis 1914 jährlich einen gleich hohen Zuschuss beisteuerte. In beiden Stufen liefen parallele deutsche und chinesische Kurse. Lehrer und

Unterrichtsplan bestimmte die chinesische Unterrichtsbehörde. Die Schüler für die Anstalt, auch die aus anderen Provinzen stammenden, wurden von der Unterrichtsverwaltung der Provinz Schantung auf ihre Vorkenntnisse geprüft und der Schule überwiesen. Ein chinesischer Studiendirektor überwachte im Besonderen den chinesischen Unterricht, hielt aber auch sonst seine Regierung über die Anstalt auf dem Laufenden. Als Gegenleistung für diesen Einfluss gewährte die chinesische Regierung den Absolventen der Deutsch-chinesischen Hochschule das Recht zur Anstellung als Staatsbeamte und denen, die sich um die höchsten, nur in Peking zu erlangenden literarischen Grade bewerben wollten, die Zulassung zur dortigen Reichsuniversität.

Unterricht an der Deutsch-Chinesischen Hochschule

Der Lehrgang der Unterstufe der Hochschule dauerte fünf Jahre. Es wurden junge Leute von mindestens 18 Jahren aufgenommen, die eine gute chinesische Vorbildung besaßen. Ihre Befähigung prüfte der chinesische Provinzialschulrat von Schantung. Die Unterrichtssprache war, mit Ausnahme der chinesischen Fächer, Deutsch. Das Bestehen der Abschlussprüfung in der Unterstufe berechtigte zum Eintritt in die Oberstufe. Die Unterstufe zählte 1913 301 Schüler. Die Oberstufe umfasste, wie bereits erwähnt, vier selbständige Abteilungen. Ihr Besuch setzte im Prinzip den erfolgreichen Besuch der Unterstufe voraus. Die vier Abteilungen waren:

1. *Die rechts- und staatswissenschaftliche Abteilung mit dreijährigem Kursus und 13 Schülern (1913).*

2. *Die naturwissenschaftlich-technische Abteilung mit vierjährigem Lehrgang und 34 Schülern.*
3. *Die forst- und landwirtschaftliche Abteilung mit dreijährigem Unterricht und 13 Schülern.*
4. *Die medizinische Abteilung, deren Besuch ein dreisemestriges Vorstudium und ein fünfsemestriges Fachstudium vorsah, mit 13 Schülern.*

Die Oberstufe zählte demnach 1913 73 Schüler. In sämtlichen Abteilungen beider Stufen wurden deutsche Sprache, chinesische Sprache und Wissenschaft, Gesundheitslehre und Turnen gelehrt. Der Hochschule angegliedert war die Übersetzungsanstalt, die ihren Betrieb unter der Leitung eines Sinologen sofort nach der Eröffnung aufgenommen hatte und bis 1914 eine Reihe von Werken der Öffentlichkeit übergeben konnte. Anfang September 1913 waren außer den chinesischen Lehrkräften an der Schule tätig, im Hauptamt 10 Dozenten und 4 Elementarlehrer, im Nebenamt 12 Personen. Die Schüler waren in den beiden fertiggestellten Alumnatsgebäuden untergebracht. Bei der Ausstattung der Hochschule mit Bibliothek, Lehrmittelsammlung und Laboratorien war ein weitgehendes Entgegenkommen heimischer Interessenten sehr förderlich. Die Hochschule gab seit Oktober 1913 den „Westöstlichen Boten", eine monatlich erscheinende Zeitschrift „zur Vermittlung deutscher Sprache und Kultur im fernen Osten" in deutscher und chinesischer Sprache heraus." (nach: Heinrich Schnee, Deutsches Koloniallexikon, 3 Bde., Leipzig 1920, Artikel: Kiautschou.)

Die Unterstufe der Deutsch-Chinesischen Hochschule

Das Vereinshaus des Deutschen Klubs in Tsingtau

Heim des Deutschen Klubs

DAS ÖFFENTLICHE LEBEN IM SCHUTZGEBIET

Die deutsche und europäische Bevölkerung des Schutzgebietes setzte sich vor allem aus Unternehmern, Kaufleuten, Missionaren, Beamten und Marinesoldaten zusammen. Viele Europäer eröffneten kleine Handwerksbetriebe oder trieben Handel. 1914 zählte man allein 36 deutsche Firmen und 22 Gastronomiebetriebe. Auch der öffentliche Alltag wurde weitgehend von den Nichtchinesen bestimmt.

Das rege Leben im neu gegründeten Tsingtau spiegelte sich nicht zuletzt in den zahlreichen Vereinen und Gesellschaften, die in nur kurzer Zeit entstanden. Zu nennen sind dabei vor allem die Handelskammer Tsingtau, die Freiwillige Feuerwehr, der Verein „Faberkrankenhaus“, der Deutsche Frauenverein für Krankenpflege, der Kriegerverein „Kiautschou“, der Marineverein „Prinz Adalbert von Preußen“, der Deutsche Techniker-Verein Ostasien, die Abteilung Tsingtau der deutschen Kolonialgesellschaft, der Verein für Kunst und Wissenschaft, der Musikverein „Harmonie“, der Deutsche Klub, der Bergverein Tsingtau, der Sportklub Tsingtau, der Tsingtau-Rennverein, der Deutsche Turnverein Tsingtau, das Schützenkorps „Kiautschou“, der Radfahrklub „Pfeil“, der Verein Germania und das Katholische Kasino.

„Die Pflege der geistigen Interessen in der Kolonie lässt sich ein „Verein für Kunst und Wissenschaft“ angelegen sein. Er sorgt für musikalische Darbietungen und veranstaltet Theateraufführungen, bei denen mimisch begabte Mitglieder sich selbst und der Mitwelt einen heiteren Abend schaffen. Zu den Vorträgen, die der Verein veranlasst, tragen Herren aller Stände und Berufe, Offiziere, Kaufleute, Missionare, Beamte aus dem Schatze ihrer beruflichen Kenntnisse, ihrer Erfahrungen und Erlebnisse das Ihre bei. Ebenso sorgt für Bildung und Unterhaltung die Kiautschou-Bibliothek. Schon 1899 ist diese wertvolle Bibliothek von einem Kiautschou-Bibliothek-Komitee hinausgeschickt worden. Durch freiwillige Beiträge, namentlich auch von Buchhändlern, ist sie zusammengekommen …

Dass Turnverein und Gesangverein nicht fehlen, ist selbstverständlich. Wie in Kriegerverein und Marineverein halten auch dort kaisertreue Leute kameradschaftlich zusammen und helfen sich mit Rat und Tat. Der Bergverein sorgt für Wege und Wegemarken im Schutzgebiet.“ (Weicker, a.a.O., S. 128, 131.)

Wie im übrigen Ostasien jener Zeit schlossen sich auch im deutschen Schutzgebiet unverheiratete Europäer, die über keinen eigenen Hausstand verfügten, zu „Messen“ zusammen. Gleich den Mitgliedern einer Schiffsmesse bestritten sie ihre gemeinsamen Mahl-

Der Turnverein bei der Fahnenweihe

zeiten sowie den sonstigen Gemeinschaftsaufwand aus einer Kasse. Häufig besaßen junge Mitarbeiter einer Firma oder ledige Beamte eines Ressorts eigene Messen.

Die Marinesoldaten vergnügten sich meist in privat organisierten Skat-Klubs, im Soldatenheim, im Rotlichtviertel oder beim Schwimmen. Man traf sich auch bei Volks- und Strandfesten, Konzerten oder Theateraufführungen. Ein beliebtes Ausflugziel für die Allgemeinheit boten die nahegelegenen Prinz-Heinrich-Berge. Im Lauschangebirge wurde das Genesungsheim „Mecklenburghaus" eröffnet, das Reisenden eine bequeme Unterkunft und ausgezeichnete Verpflegung bot.

Aufgrund der klimatischen Vorzüge seiner Küstengegenden entwickelte sich Tsingtau rasch zu einem beliebten Seebadeort, der auch viele Besucher von außerhalb anzog. Der Zustrom an Badegästen belief sich im Jahr 1908 auf 575 Personen. Bei ihnen handelte es sich – abgesehen von den deutschen Gästen – vor allem um Amerikaner, Briten, Franzosen und Russen. Zumeist kamen sie aus den benachbarten Hafenstädten an der chinesischen Küste, wie Schanghai und Tientsin. Bereits im Sommer 1906 beherbergten die Tsingtauer Hotels etwa 400 Touristen europäischer Herkunft.

Das „Mecklenburghaus“ im Lauschangebirge

Europäische Touristen in Kiautschou

Badestrand mit Strandhotel

„Das Leben in Tsingtau erhält auch dadurch ein besonderes Gepräge, dass Tsingtau Badeort ist. Im mittleren und südlichen China, in Schanghai und Hongkong, und selbst im Norden, im Innern des Landes, wie z. B. in Tientsin, ist es im Sommer unangenehm heiß. Früher ging dann, wer es irgend konnte, in diesen Monaten nach Japan oder in das Seebad Tschifu am Golf von Tschili. Da kam Tsingtau. Es vereinigt ungefähr alles, was man von einem Seebad verlangt. Tsingtau ist einer der gesundesten Plätze an der ganzen Küste. Alle sanitären Einrichtungen sind auf der Höhe, wie nirgends sonst. Der Badestrand an der Auguste-Viktoria-Bucht ist unvergleichlich viel größer und schöner als der von Tschifu.

Die Stadt selbst neu und schmuck und sauber; eine Umgebung, die von Jahr zu Jahr durch die wachsende Bewaldung reizvoller wird; der Lauschan mit seinen Bergpartien vor den Toren Tsingtaus; Verwaltung und Bürgerschaft wetteifernd, dass der Platz auch als Seebad dem deutschen Namen Ehre mache; dazu findet, wer das sucht, in Tsingtau als Garnison und als Sitz einer zahlreichen Beamtenschaft auch ein reges gesellschaftliches Leben; so ist Tsingtau von Jahr zu Jahr als Seebad immer mehr in Aufnahme gekommen. Im Sommer 1904 wurde es von 546 auswärtigen Badegästen zu längerem Aufenthalt besucht. Darunter waren 78 Kinder; ist doch Tsingtau geradezu ein Kinder-Dorado. Schon von Juni an zeigt dann der Badestrand das bunte Bild fröhlichen Lebens, wie es in allen netten Badeorten dasselbe ist. Im Unterschied von anderen Seebädern hat Tsingtau keine Badekarren, auch keine egal gebauten kleinen Zellen, die stundenweise ermietet werden müssen, sondern jede Familie baut sich oder mietet sich für die ganze Saison ein eigenes Bretterhäuschen, das mehrere Kammern enthält. Hier werden die Badeanzüge, Strandstühle, Kinderspielzeug, wohl auch eine kleine Erfrischung oder Erwärmung aufgehoben.

Ausflügler im Schutzgebiet

Hotel Prinz Heinrich

Für vergnügliche Abwechslungen des Badelebens sorgt eine Badekommission. Die Kapelle des Seebataillons spielt regelmäßig ihre Strandkonzerte oder lädt des Abends in eins der Hotels zu höheren musikalischen Genüssen ein. Jedes Jahr erfreut sich auch ein Kinderfest großer Beteiligung von Kleinen und Großen, und jugendliche Sportsmen erringen hier im Wettlauf, Springen, Sackhüpfen, Eierlaufen, Wettrennen auf Ponys oder Eseln ihre ersten Siege.

Quartier finden die Fremden in den Hotels. Außer den bereits genannten Hotels, dem Prinz-Heinrich-Hotel am Kaiser-Wilhelm-Ufer, mit 40 Zimmern, mit prächtiger Terrasse und luftigen Veranden, und dem neuen Strandhotel an der Auguste-Viktoria-Bucht, gibt es noch das Zentral-Hotel, ebenfalls am Kaiser-Wilhelm-Ufer, das Hotel Zur Deutschen Eiche in der Tirpitzstraße und die Familienpension Luther in der Irenestraße." (Weicker, a.a.O., 132f.)

Einen hohen Stellenwert im Alltagsleben der deutschen Kolonisten nahmen sportliche Aktivitäten ein, zu denen die Jagd ebenso gehörte, wie Pony- und Radrennen oder Tennis- und Polospiel:

Ponyrennen in Tsingtau

Die Rennbahn

„Eine besondere Rolle im Leben von Tsingtau spielt der Sport. Zweierlei begünstigt ihn in Tsingtau wie fast überall in den Kolonien. Der Mensch sucht nach einer Anregung, die außerhalb seiner Berufstätigkeit liegt … Sich für sich allein ernstlich mit einer Kunst oder einem wissenschaftlichen Gegenstand zu beschäftigen, dazu fehlt es bekanntlich den meisten Menschen an den nötigen Gaben oder am nötigen Trieb. So entsteht die Gefahr, dass die Menschen in allem, was nicht Beruf ist, geistig stumpf werden. Oder es findet in der Zeit, die durch nichts anderes ausgefüllt ist, und in den Gedanken, die mit nichts Besserem beschäftigt sind, der Klatsch eine Stätte. „Küstenklatsch" – in jedem Kolonialprozess kehrt das Wort wieder. Auch Ostasien hat seinen Küstenklatsch. So lernt man bereits in Hongkong im Spiegel der Mitwelt und ihres Urteils Menschen kennen, die man erst in Tsingtau oder Tientsin zu Gesicht bekommt. Es ist traurig, aber wahr, dass fast überall, wo Menschen regelmäßig zusammenkommen, die öffentliche Meinung lieblos zu Gericht sitzt. Und das tut sie auch dort in den Klubs, wo des Mittags oder Abends an der Bar die Männer sich von der Arbeit im „Office" erholen, und bei den „five o'clock teas", zu denen die Damen sich besuchen. Irgendwie muss eben die freie Zeit ausgefüllt werden. Wehe aber namentlich den jungen Leuten, wenn sie dazu zur Whiskeyflasche oder zum Knobelbecher und zu den Karten greifen! Wohl ihnen, wenn sie es mit dem Sport versuchen! Der Sport wird in der Tat für viele ein Ersatz für fehlende geistige Anregung, gewiss ein schwacher Ersatz, aber wirklich nicht der schlechteste.

Das andere, was den Sport begünstigt, ist seine Bedeutung für die Gesundheit. Ein kranker Mensch ist auch in der best eingerichtetsten Kolonie eben doch sehr viel schlechter dran als daheim. Dort, wo alles darauf zugeschnitten ist, zu arbeiten, um vorwärtszukommen, wo es nur rastloses Erwerben, kein ruhiges Genießen und Verzehren des Erworbenen gibt, da fühlt es naturgemäß der Kranke mehr, wie er sich selbst und anderen zur Last ist. Und darum hat es draußen eben umso mehr zu bedeuten, immer gesund und frisch zu bleiben. Und darum treibt mancher dort Sport, dem es zu Hause nie einfallen würde, sich auf ein Pferd zu setzen oder mit dem Tennisschläger herumzuspringen …

Der höhere Reitsport entfaltet sich auf dem Rennplatz von Tsingtau. Die ausgesuchten Ponys, die bei Rennen geritten werden, sind natürlich teurer. Die Rennen in Tsingtau sind, was die ausgesetzten Preise und darum auch das Pferdematerial anlangt, noch ziemlich bescheiden. An die Rennen in Tientsin und Hankau oder gar an die in Schanghai und Hongkong kommen die von Tsingtau noch lange nicht heran. Aber das hat eben den großen Vorteil, dass hier, wo die Rennen nicht um der hohen Preise willen, sondern lediglich zum Vergnügen geritten werden, dieser schneidige Sport nicht das Vorrecht nur eines ganz kleinen Kreises ist. Mancher Leutnant auch von der Marine, dem das „Rennenreiten" so fern lag wie der Gedanke, sich an einer Luftschiffwettfahrt zu beteiligen, hat jetzt auf seinem Tisch einen silbernen Becher stehen, einen Rennpreis, der ihn immer wieder an schöne Stunden auf dem grünen Rasen in Tsingtau erinnert. Ein Poloklub pflegt das Polospiel, bei dem bekanntlich mit langstieligen Hämmern vom Sattel aus ein Ball nach einem Ziel geschlagen werden muss.

Wem die Rennen zu kostspielig sind, aber wer doch gern in herzhaftem Galopp seine und seines Ponys Kraft und Gewandtheit mit anderen messen möchte, dem bleiben dann immer noch die allherbstlich in Tsingtau in jeder Woche veranstalteten Jagdreiten. Zwanzig und mehr Herren und Damen sind beim Rendezvous zur Stelle. Es sind Fuchsjagden, bei denen ein gewiegter Reiter mit dem Fuchsschwanz auf der Schulter das jagdbare Wild vorstellt. In fröhlichem Galopp geht es dann querfeldein über Gräben und durch Ravinen, wobei die von niedrigen gemauerten Terrassen durchschnittenen kleinen Ackerstücke eine ganz besondere Aufmerksamkeit des Reiters erfordern.

Jagdlich ist die Umgebung von Tsingtau nicht hervorragend, bietet aber doch Gelegenheit zu regelmäßiger Ausübung des edlen Weidwerks. Das Gelände innerhalb des Weichbildes der Stadt bildet die Gouvernementsjagd. Hier wird nur bei den vom Gouvernement veranstalteten Jagden und nur von den dazu Eingeladenen gejagt. Außerhalb der Gouvernementsjagd, in den Prinz-Heinrich-Bergen und im Lauschan, darf jeder jagen, der vom Gouvernement für 20 $ einen Jagdschein *erworben hat. Außerhalb der Schutzgebietsgrenzen auf chinesischem Gebiet ist die Jagd ganz frei. Es werden hauptsächlich Hasen geschossen. In den niedrigen Dickungen in nächster Nähe von Tsingtau stecken sie in großer Zahl. Sehr ergiebig ist die Jagd auf Schnepfen und Wachteln. In der Zeit, wo sie streichen, kann einer leicht hundert an einem Tag schießen.*

Mühsamer ist die Wasserjagd. Auf den weiten Watten der Kiautschoubucht treibt sich eine Unzahl von Wasservögeln, namentlich Reihern, Wildgänsen und Enten, herum. Wer es versteht, sich heranzupirschen, oder wer besonderes Glück hat, erlegt wohl auch mit der Kugel im freien Felde eine Wildgans oder eine Trappe. Wenn sich mit fortschreitender Aufforstung die Wasserverhältnisse bessern, wird bald auch der Fasan häufiger vorkommen.

Für die Radfahrer reicht das Vergnügen nur so weit, wie die schönen Straßen im Schutzgebiet reichen. Jenseits der Grenze gehört zuviel Geduld dazu, um sich zu entschließen, auf chinesischen Landstraßen eine Radtour zu unternehmen. Aber Radrennen auf einer besonders hergerichteten Rennbahn fehlen auch in Tsingtau nicht.

Auch das elegante und gesunde Tennisspiel wird von Offizieren und Bürgersleuten fleißig betrieben und bietet Gelegenheit, wenn der Gegner eine angenehme Person des anderen Geschlechts ist, mit den Bällen auch manchen bedeutsamen Blick und manches scherzend-ernste Wort über das Netz hinüberzuwerfen.“ (Weicker, a.a.O., S. 128–131.)

Die gehobene chinesische Bevölkerung des Schutzgebietes widmete sich bald ähnlichen Freizeitaktivitäten wie ihre europäischen Nachbarn, blieb dabei aber eher unter sich. Sie organisierte eigene Vereine, gründete ebenso einen Tennisclub oder besuchte eines der beiden neu erbauten Theater für Einheimische.

Chinesischer Bauer beim Pflügen

Dorf in der Umgebung von Tsingtau

DER CHINESISCHE ALLTAG

Die meisten Chinesen im Schutzgebiet – sowie in ganz Schantung – lebten als Kleinbauern von dem, was der Boden hergab. Ein Bauer mit einer fünfköpfigen Familie, der einen Jahreslohn von 150 Tiau – etwa 240 Mark der damaligen deutschen Währung – erwirtschaftete, galt als mittelbegütert. Allgemein wohnte die bäuerliche Bevölkerung in Dörfern, Einzelgehöfte gab es kaum. Die einstöckigen Häuser waren von einer Mauer umgeben und beherbergten eine Familie oft viele Generationen lang.

„Die Landbevölkerung lebte in 274 Ortschaften, von denen 24 über 1.000 Einwohner hatten. Die durchschnittliche Dichte der Bevölkerung betrug 1913 292 Köpfe pro Quadratkilometer.

Der Lebensunterhalt der 274 Dörfer des Landgebietes war fast durchweg auf die Landwirtschaft gegründet. Es herrschte das Bestreben vor, dass jede einzelne Hauswirtschaft die für ihren eigenen Bedarf nötigen Nahrungsmittel und sonstigen Gebrauchsartikel im eigenen Haushalt herstellte. Dieses Prinzip der geschlossenen Hauswirtschaft erfuhr aber eine Milderung durch die Verschiedenheit der Naturbedingungen, die die Lage der einzelnen Dörfer mit sich brachte. Die Bewohner des Lauschan gewannen auf den mit Gras und Kiefern bewachsenen Abhängen einen Überfluss an Brennmaterial, die Küstenbevölkerung fing mehr Fische, als sie selbst verzehren konnte, und die Obstproduktion bestimmter Bezirke überstieg weit den eigenen Bedarf. Dem Überfluss auf dem einen Gebiet stand Mangel auf dem anderen gegenüber. Damit war die Notwendigkeit zum Warenaustausch gegeben. Dieser wurde im Allgemeinen nicht durch berufsmäßige Kaufleute vermittelt, sondern vollzog sich auf Märkten, vor allem in Litsun, wo die Mehrzahl der Besucher gleichzeitig als Käufer und Verkäufer auftrat. Es war eine Art Tauschhandel. Die Märkte fanden alle fünf Tage statt. Man zählte zum chinesischen Neujahr (Ende Januar) manchmal 15.000 Besucher. Durchschnittlich waren es immer 4.000. Hausierer und einige wenige angesessene Kleinhändler besorgten nur den Vertrieb bescheidener Luxusartikel.

In einer Kulturperiode von zwei Jahren wurden in der Regel drei Ernten erzielt. Als Erstlingsfrüchte kamen Hirse, Kauliang, Mais und Baumwolle in Betracht. Die Aussaat erfolgte im April oder Mai, die Ernte im August oder September. Als Winterfrucht mit Reifezeit im Juni des zweiten Jahres wurden dann Weizen, Gerste oder Erbsen auf das Feld gebracht. Diesen folgten mit der Erntezeit Mitte Oktober bis Mitte November Sojabohne, Süßkartoffel, Buchweizen, Tabak, Gemüse und Stoppelrübe.

Chinesische Dorfstraße

Chinesische Familie in einem Dorf bei Tsingtau

Chinesische Bäuerin

Neben dieser zweijährigen Kulturperiode gab es noch eine einjährige mit nur einer Ernte für den Anbau von Süßkartoffeln und Erdnüssen. Die kleinen Ackerparzellen, die zahlreichen billigen Arbeitskräfte sowie die angeborene Begabung des Chinesen für Pflanzenflege brachten eine außerordentlich sorgfältige, geradezu gärtnerische Behandlung der Feldfrüchte mit Kopfdüngung der einzelnen Saatbüsche und sorgfältigster Bodenlockerung und Unkrautreinigung mit sich. Auch die Fruchtfolge mit dem Zwischenbau von Stickstoff sammelnden Leguminosen wirkte in glücklicher Weise einer Verarmung des Bodens an Nährstoffen entgegen. Wenn dennoch die Erträge nach europäischen Begriffen der Güte des Bodens und der aufgewendeten Arbeit nicht entsprachen, so war das in erster Linie auf die flachgründige Bodenbearbeitung mit primitiven Instrumenten uralter Konstruktion sowie auf die Menge noch nicht genügender Düngung zurückzuführen.

Der Dünger wurde wie folgt gewonnen: Man verwendete als Streu nicht das als Brennmaterial zu wertvolle Stroh, sondern Ackererde, etwa den feinen Schlamm ausgetrockneter Teiche. Die Stallungen wurden nicht täglich gereinigt, sondern nur etwas Erde aufgestreut. Nach ungefähr einer Woche wurde dann die mit Fäkalien gemischte Streu auf einen Haufen gefahren und in Abschnitten von wenigen Tagen mit Wasser übergossen und umgeschaufelt. Es bildete sich so allmählich

Chinesischer Bauer mit Kaulianggarben

der Kompost, in den auch menschliche Fäkalien, der Lehm von alten eingefallenen Häusern, Kochherden und Kangs (Lagerbetten) hereingearbeitet werden. In der Hauptsache wurde im Frühjahr, falls genügender Vorrat vorhanden war, aber noch einmal, sobald die Saat aus der Erde spross, und zum dritten Mal vor der zweiten Bestellung gedüngt. Als besonders wirkungsvolles, freilich auch teures Düngemittel galt das Mehl von Bohnenkuchen, die bei der Ölgewinnung als Rückstände übrig bleiben." (Schnee, a.a.O.)

Chinesen beim Dreschen

Mit dem Beginn der deutschen Kolonialherrschaft ergaben sich für die Einheimischen auch neue Arbeitsperspektiven. Chinesisches Personal stand den Deutschen schon bald in vielerlei Weise zur Verfügung, beispielswiese als Dienstbote, Koch oder Wäscher:

„Die Dienstbotenfrage ist in Tsingtau leicht gelöst. Chinesische Dienstmädchen gibt es nicht. Nur die Bewachung und Besorgung der kleinen Kinder wird meist von einer älteren Chinesin besorgt. Die „Ama" heißt diese Kinderfrau … Es gibt nichts Angenehmeres, als von einem gut erzogenen chinesischen „Boy" bedient zu werden. Lautlos geht er auf seinen Filzsohlen im Hause umher. Willig nimmt er auch auf kleine Gewohnheiten seiner Herrschaft Rücksicht. Freilich darf man von den allermeisten kein selbstständiges Denken erwarten. Hat man ihm gesagt, er solle jeden Tag früh um

7 Uhr Feuer machen, so macht er jeden Tag Feuer, auch wenn es unterdes Sommer geworden ist. Es liegt etwas Automatisches, Unpersönliches in der Art seines Dienens. Aber es ist nicht zu leugnen, dass diese Art eigentlich bequemer und angenehmer ist und mehr Ruhe in die Hausordnung bringt, als Selbstständigkeit der Dienstboten und die damit leicht verknüpften Meinungsverschiedenheiten und Überraschungen. Jede Haushaltung braucht als Dienstpersonal wenigstens einen Koch, einen Boy und einen „Kuli", der die grobe Arbeit tut und Wege geht. In einfacherer, kleinerer Haushaltung tut wohl auch ein einziger besonders dienstwilliger Chinese die Arbeit allein.

Chinesische Boten (Marsus)

Der Koch kocht natürlich nach europäischer Art. Es ist bezeichnend für die Anstelligkeit der Chinesen, dass es keine Schwierigkeit macht, Leute zu bekommen, die europäisch kochen können. Der Chinese ist allerdings der geborene Kochkünstler und in allem, was die Küche und das Essen angeht, ein großer Sachverständiger. Die Behauptung, der man oft begegnet, dass der Chinese wenig wählerisch in seinem Essen sei und die unglaublichsten Dinge, wie z. B. Regenwürmer, äße, beruht einfach auf Unkenntnis der Verhältnisse.

Schusterjunge in Tsingtau

Europäischer Herr mit chinesischem Bediensteten

Bei der Frage über das, was gut schmeckt, spielt die Gewohnheit eine große Rolle, und wer sich darüber entsetzt, dass die Chinesen z. B. „Vogelnester" essen, weiß erstens nicht, wie ausgezeichnet eine „Vogelnestsuppe" schmeckt, und weiß zweitens nicht, dass dazu gar nicht etwa das „Nest", in dem der Vogel sitzt, verwendet wird, sondern nur eine blätterteigähnliche Masse, die eine Schwalbenart aus einer speichelartigen Absonderung herstellt, und auf der, wie auf einem Untersatz, ihr Nest ruht. Es ist bewunderungswürdig, wie schnell ein Chinese europäisch kochen lernt, und wie verständnisvoll er auf entsprechende Anordnungen, den Küchenzettel betreffend, eingeht. Der Lohn für einen Koch schwankt zwischen 12 und 30 $ monatlich; das sind bis 60 M. Ein Boy bekommt je nach seinen Leistungen ungefähr ebensoviel, ein Kuli, sowie ein Mafu (Pferdewächter) 8 bis 12 $.

Die chinesische Dienerschaft eines Hauses wohnt allermeist nicht mit im Hause ihrer Herrschaft selbst, sondern in einem Nebengebäude. Dort haben sie sich nach ihrer Art selbst eingerichtet, schlafen in Decken gewickelt auf ihrer Holzpritsche und schmücken sich ihre Kammer nach eigenem Geschmack. Nur über die Sauberkeit dieser Räume hat der Herr des Hauses andauernd und energisch zu wachen. Für ihr Essen sorgen die Leute selbst. Entweder beschaffen sie es sich aus einer nahe gelegenen chinesischen Garküche, oder sie haben die Erlaubnis, sich ihr „Chinesen tschau tschau" in der Küche ihrer Herrschaft zuzubereiten. Bedingung dabei ist, dass sie keine Sachen kochen, die besonders auffällig riechen, und dass sie keinen Knoblauch verwenden. Knoblauch zu essen wird den Leuten, von denen die Europäer dauernd umgeben sind, schlechtweg untersagt …

Die Wäsche wird allgemein aus dem Haus gegeben. Waschmänner aus Taitungtschen oder Tapautau besorgen sie. Jedes Stück ohne Unterschied der Art und Größe kostet 5 Cent. Von den Waschmännern, die sich um die Wäsche in einem Hause bemühen, schlägt der Boy seinem Herrn nun den vor, der vielleicht für 4 ½ Cent waschen will. Den halben Cent steckt der Boy ein. Jene Preisdifferenzen sind also das Ergebnis von Privatgeschäften der Dienstboten, die dem Herrn gleichgültig sein können, da sie ihm ja keinen Schaden bringen." (Weicker, a.a.O., S. 119ff.)

Weiterhin arbeiteten Chinesen für den Bedarf der Europäer als Handwerker, Schlosser, Tischler, Schuster und Schneider, in Fabriken, bei der Bahn und im Bergbau. In den von Europäern geleiteten Werkstätten waren die einheimischen Arbeitskräfte von vornherein unentbehrlich. Für die chinesischen Bergarbeiter sorgte eine Unterstützungskasse der Bergbau-Gesellschaft.

1907 waren selbst neun Zehntel der sechshundert im Schutzgebiet tätigen Angestellten Chinesen.

„Im Verwaltungsdienst sind Chinesen Sekretäre und Assistenten, im Stations- und Außendienst Stationsvorsteher, Stationsassistenten, Telegraphisten, Weichensteller, Wagen- und Rangiermeister, Zugführer, Schaffner, im technischen Dienst Lokomotivführer. Alle chinesischen Angestellten, die nicht nur für Handlangerdienste als Wagenwärter, Schmierer, Wächter usw. verwendet werden, sondern zum Teil auch, wie wir sehen, sehr verantwortungsvolle Posten innehaben, sind in einer Eisenbahnschule vorgebildet worden. Diese wird von der katholischen Mission geleitet. In dem einjährigen Kursus lernen die jungen Leute etwas deutsch lesen und schreiben, etwas rechnen, telegraphieren und Eisenbahndienst. Werden sie dann in den Dienst der Eisenbahn eingestellt, so zahlt die Eisenbahn für diesen Unterricht an die Mission eine Vergütung." (Weicker, a.a.O., S. 161.)

Chinesische Arbeiter in einer Maschinenwerkstatt

Chinesische Arbeitskräfte in einer Tischlerei

Das Gouvernement beschäftigte die Einheimischen auch als Polizisten, insbesondere in Tapautau und auf den Hafenmolen. Für den Dienst in den Tsingtauer Forstanlagen wurden sogar Arbeitskräfte von jenseits der Grenze geholt und angelernt.

Im Laufe der Zeit machten sich zudem immer mehr Chinesen selbständig. 1908 gab es im Schutzgebiet bereits 800 chinesische Gewerbetreibende. Als wirklich erfolgreich erwiesen sich letztlich vor allem die Kaufleute aus Schantung sowie die lokalen Kleinindustriellen.

Die Zahl der in Tsingtau ansässigen einheimischen Firmen vermehrte sich von Jahr zu Jahr, während man in Tapautau den Wohlstand der Kaufmannschaft wachsen sah. Dabei profitierten die lokalen Unternehmer stark von den Errungenschaften der deutschen Technik. Maschinen und Fachkräfte der Kolonialherren fanden Verwendung und vermittelten fortschrittliche Kenntnisse.

Hof des Bauunternehmers Li Chang in Tapautau

Abgestürztes Flugzeug des „Fliegers von Tsingtau“,
Gunther Plüschow

DAS ENDE DES SCHUTZGEBIETES

Als Anfang August 1914 in Europa der Krieg ausbrach, wurde auch das ferne Schutzgebiet Kiautschou durch eine Verordnung des Kaisers sofort in Alarmbereitschaft versetzt. Es musste immerhin mit Angriffen der britischen Royal Navy auf die deutschen Besitzungen in Übersee gerechnet werden. Außerdem war ein Kriegseintritt Japans an der Seite Großbritanniens wahrscheinlich.

Seit Januar 1902 bestand ein Bündnis zwischen Japan und Großbritannien, und durch den siegreichen Krieg gegen Russland hatte das fernöstliche Kaiserreich erheblich an Prestige gewonnen. So baten die Briten die japanische Regierung bereits in den ersten Augusttagen 1914 um Waffenhilfe.

Insbesondere auf Drängen der eigenen Militärführung, die sich die Eroberung der deutschen Besitzungen im Pazifik und eine bedeutende Ausdehnung des japanischen Machtbereichs erhoffte, entschied Premierminister Okuma Shigenobu, den Briten, Franzosen und Russen militärisch beizustehen. Am 15. August stellte seine Regierung dem Deutschen Reich ein Ultimatum, mit der Forderung, sämtliche Kriegsschiffe sofort aus den fernöstlichen Gewässern abzuziehen und das gesamte Schutzgebiet Kiautschou innerhalb eines Monats an Japan abzutreten. Sollte innerhalb von acht Tagen keine Antwort erfolgt sein, so drohe der Kriegszustand. Gleichzeitig erhielt der Oberbefehlshaber der japanischen 18. Infanterie-Division, Kamio Mitsuomi, die Weisung, eine Besetzung Tsingtaus vorzubereiten.

Von deutscher Seite blieb das Ultimatum unbeantwortet, Gouverneur Alfred Meyer-Waldeck stellte sich vielmehr auf einen Konflikt mit Japan ein und telegraphierte an Kaiser Wilhelm II.: „Einstehe für Pflichterfüllung bis zum Äußersten."

Nach Ablauf des Ultimatums erklärte das fernöstliche Kaiserreich Deutschland am 23. August den Krieg und begann bereits vier Tage später mit der Blockade Kiautschous von See her. Hierzu wurde ein Geschwader unter dem Kommando des Vizeadmirals Kato Sadakichi entsandt, dem sich vor Schantung zudem britische Einheiten, nämlich das Linienschiff H.M.S. „Triumph" und der Zerstörer H.M.S. „Usk", anschlossen. Zu Katos Verband gehörten auch die neuen japanischen Schlachtschiffe „Kawachi" und „Settsu", der Schlachtkreuzer „Kongo" und das Flugzeug-Mutterschiff „Wakamiya". Bei den vorgesehenen Landungsoperationen sollte die 18. Infanterie-Division mit ihren 23.000 Mann den Kern der japanischen Streitmacht bilden, zu deren Unterstützung 142 Artilleriegeschütze bereitstanden.

Deutsche Abwehrstellung

Die Briten stellten für den Kampf um Kiautschou ein Kolonialtruppenkontingent aus Tientsin zur Verfügung, das sich aus 1.000 Soldaten des 1. Bataillons der South Wales Borderers und 500 Rekruten der 36th Sikhs zusammensetzte. Es unterstand dem Oberbefehl von Brigadegeneral Nathaniel W. Barnardiston.

Meyer-Waldeck reagierte auf die feindlichen Angriffsvorbereitungen mit der Generalmobilmachung des gesamten Schutzgebietes und der Konzentration sämtlicher vorhandenen Hilfstruppen in Tsingtau, einschließlich der Marinedetachements aus Tientsin und Peking. Den Hauptteil der deutschen Kräfte bildeten natürlich die 1.400 Soldaten des III. Seebataillons, gegliedert in vier Kompanien Marine-Infanterie, eine Batterie Feldartillerie und berittene Kompanie. Hinzu kamen 3.400 weitere Marineangehörige – darunter vier Kompanien Matrosen-Artillerie – und zahlreiche Freiwillige, sodass die Verteidiger insgesamt 4.730 Mann aufbieten konnten.

Das deutsche Ostasiengeschwader unter Vizeadmiral Maximilian von Spee hatte Tsingtau bereits im Juni 1914 verlassen und sich auf eine Rundfahrt in die Südsee begeben. So befanden sich in Kiautschou bei Kriegsbeginn keine nennenswerten Seestreitkräfte.

Zur Verfügung standen das Torpedoboot S 90 sowie die Kanonenboote „Iltis", „ Jaguar", „Tiger", „Luchs" und „Cormoran", deren Personal und Bewaffnung allerdings größtenteils zur Ausrüstung der beiden Hilfskreuzer „Prinz Eitel Friedrich" und „Cormoran" verwendet wurden.

Quartiere japanischer Stabsoffiziere vor Tsingtau

Im Hafen von Tsingtau lag auch der österreichisch-ungarische Kreuzer „Kaiserin Elisabeth", dessen Besatzung sich umgehend den Verteidigern anschloss. Teilweise setzte man die Besatzungsmitglieder der „Kaiserin Elisabeth" zur Verstärkung der Landtruppen ein. Bug- und Heckgeschütze des österreichischen Kriegsschiffes wurden ausgebaut und den Landbatterien zugeteilt.

Anfang September setzte eine erste Landungswelle gegnerischer Truppenverbände ein: 2.300 japanische und 2.000 britische Soldaten landeten nördlich von Tsingtau, bei Lungkow in Schantung, und begannen mit dem Aufbau einer Stellung auf chinesischem Boden. In der Folgezeit verstärkten sie ihre Kräfte kontinuierlich. Die Neutralität Chinas wurde von den alliierten Kriegsgegnern Deutschlands dabei missachtet.

k.u.k.-Kreuzer „Kaiserin Elisabeth“
während der Belagerung von Tsingtau

Die Mannschaft von S 90. Dem Torpedoboot gelang am
17. Oktober 1914 die Versenkung des japanischen Kreuzers „Takachiho“

Vorpostenstellung bei der Hangtschiatsun-Pagode

Vorgeschobene Sicherungsverbände der Japaner zogen den Einschließungsring um Tsingtau in der Folgezeit immer enger. Nachdem sie die Bahnlinie und die Bergwerke unter ihre Kontrolle gebracht hatten, kam es am 18. September erstmals zu größeren Gefechten an der Landfront. Gleichzeitig erfolgte eine weitere Landung feindlicher Truppen in der Bucht von Laoschan, 30 Kilometer östlich von Tsingtau. Acht Tage später erreichten die Alliierten die erste befestigte Stellung der Verteidiger.

Seit dem 28. September war Kiautschou auch auf der Landseite vollständig eingeschlossen und täglich wurden weitere Truppen ausgeschifft, um die Belagerungsarmee zu verstärken. Schließlich standen mehr als 58.000 Soldaten auf Seiten der Alliierten im Einsatz.

Mit rollenden Sturmangriffen gingen die Japaner gegen die deutschen Abwehrstellungen vor, erlitten dabei allerdings hohe Verluste. Pausenloser Beschuss der Feld- und Festungsartillerie – die von See her durch das Feuer des Kanonenbootes „Jaguar“ und des

Kreuzers „Kaiserin Elisabeth" unterstützt wurde – setzte den Angreifern schwer zu und verlangsamte ihr Vordringen. Dabei leistete den Verteidigern auch ihr einziges verfügbares Flugzeug gute Dienste. Der als „Flieger von Tsingtau" bekannt gewordene Marinepilot Gunther Plüschow konnte mit seiner Maschine vom Typ Etrich A-II Taube wertvolle Aufklärungsarbeit über den feindlichen Linien leisten und sogar japanische Schiffe mit Bomben attackieren. Allerdings machte sich auch am Himmel langfristig die zahlenmäßige Überlegenheit des Gegners bemerkbar, dessen von „Wakamiya" startende Maschinen die ersten waren, die von einem Schiff aus Land- und Seeziele erfolgreich angriffen.

„Jaguar" und „Kaiserin Elisabeth" beschießen vom Tsangkauer Tief aus die japanischen Stellungen

Die abgerüsteten Kanonenboote „Iltis", „Tiger", „Luchs" und „Cormoran" waren bereits Ende September von den Verteidigern vorsorglich auf Grund gesetzt worden. In der Nacht zum 17. Oktober versuchte S 90 aus dem Hafen auszubrechen und versenkte dabei mit einem einzigen Torpedo den japanischen Kreuzer „Takachiho". Beim Untergang des Kreuzers fanden 271 der 354 Besatzungsmitglieder den Tod. Das Torpedoboot konnte den Blockadeverbänden dennoch nicht entkommen und musste, nachdem die Brennvorräte verbraucht waren, von der eigenen Mannschaft aufgegeben werden.

Japanische MG-Stellung

Letztlich ließ sich der Vormarsch der überlegenen Feindkräfte nur zeitweise aufhalten. Ende Oktober hatten sich die Alliierten den Befestigungen von Tsingtau bis auf 800 Meter genähert.

Anlässlich des Geburtstages ihres Kaisers unternahmen die Japaner am 31. Oktober einen Generalangriff gegen die Stadt, der allerdings unter hohen Opfern scheiterte. Durch ein tagelanges schweres Artilleriefeuer sollten die deutschen Stellungen nun sturmreif geschossen werden. Landgestützte 28-cm-Haubitzen beschossen die Befestigungen und Forts, während die Infanterie unter dem Schutz des Sperrfeuers ihre Laufgräben näher an die Stadt herantrieb, um zum Sturm ansetzen zu können. Flugzeuge koordinierten das Bombardement. Es folgten geradezu selbstmörderisch vorgetragene Infanterieangriffe, denen die Deutschen jedoch zähen Widerstand entgegensetzten.

In der Nacht zum 6. November konnten japanische Truppen schließlich die Bastionen von Tsingtau erstürmen und die Verteidiger in erbitterten Kämpfen bis in die Stadt hinein

Japanische Infanterie beim Gewehrreinigen

Japanische Beobachter leiten die Beschießung Tsingtaus

zurückwerfen. Da der Gegner damit die Höhen über der Stadt beherrschte und zudem kaum noch Munition vorhanden war, erwies sich ein weiterer Widerstand als sinnlos.

Auf Befehl des Gouverneurs wurde das letzte verbliebene Kanonenboot, die „Jaguar“, auf Grund gesetzt. Bereits vier Tage zuvor hatte die Restbesatzung von „Kaiserin Elisabeth“ ihren Kreuzer selbst versenkt, nachdem die Munition für die Geschütze ausgegangen war. Gleichzeitig wurden die noch intakten Verteidigungsanlagen sowie sämtliche vorhandenen Waffen zerstört. Gunther Plüschow verließ Tsingtau im Flugzeug, mit der Spitze der Bataillonsflagge des Seebataillons, dem Kriegstagebuch und weiteren wichtigen Dokumenten.

Am 7. November 1914 bot Meyer-Waldeck dem japanischen Oberkommando die Übergabe Tsingtaus an. Der Kampf um Kiautschou hatte auf deutscher Seite 199 Tote und 500 Verwundete gefordert, die alliierten Truppen beklagten 1.800 Gefallene.

Die Kapitulation der Festung bedeutete zugleich das Ende für das III. Seebataillon. Noch am Abend des 7. November wurden sämtliche Kriegsgefangenen vor der Bismarck-

Deutsche Reichskriegsflagge auf dem Signalberg vor Tsingtau

Kaserne versammelt und anschließend in ein provisorisches Lager bei Schatsykou gebracht. Bis Ende 1914 erfolgte die Verlegung von etwa 5.000 deutschen Tsingtau-Kämpfern nach Japan, wo man sie während der folgenden fünf Jahre in 20 Lagern unterbrachte. Zivilisten konnten hingegen zunächst im ehemaligen Schutzgebiet bleiben und dort sogar ihre Geschäfte weiterführen.

Erst ein Jahr nach Kriegsende – im November 1919 – beschloss die japanische Regierung die Repatriierung der Gefangenen. In sechs Transporten kehrten sie nach Deutschland zurück. Das letzte Transportschiff, die „Nankai Maru" verließ Tsingtau – zur Aufnahme der Familien – am 25. März 1920. Alfred Meyer-Waldeck traf im Mai dieses Jahres wieder in seiner Heimat ein, er wurde rückwirkend zum Vizeadmiral befördert.

Kiautschou stand von 1914 bis 1919 unter der Verwaltung des japanischen Militärgouverneurs Mitsuomi Kamio. Im März 1917 sicherte Großbritannien Japan in einem Geheimvertrag bereits die Abtretung des Schutzgebietes sowie sämtlicher sonstigen deutschen Rechte und Privilegien in Schantung zu.

Gemäß den Artikeln 156 bis 158 des Versailler Diktats musste Deutschland auf alle im Kiautschouvertrag erworbenen Rechte zugunsten Japans verzichten. Die chinesische Regierung – die immerhin seit 1917 auf alliierter Seite am Krieg teilgenommen hatte – protestierte gegen diese „Schantung-Paragraphen" vergeblich. Sie weigerte sich schließlich, den Friedensvertrag zu unterschreiben.

Bereits im Januar 1922 mussten die Japaner allerdings mit China – während der Konferenz von Washington – auf amerikanischen Druck hin den „Vertrag über Schantung" abschließen. Er bildete das 6. Kapitel der Washingtoner Konferenzakte und sah die Rückgabe des ehemaligen deutschen Schutzgebietes an das Reich der Mitte vor. Am 10. Dezember 1922 wehte über Tsingtau wieder die chinesische Flagge.

Von Januar 1938 bis September 1945 war Kiautschou nochmals von japanischen Truppen besetzt, im Juni 1949 erfolgte die Eroberung durch Maos Volksbefreiungsarmee und die Eingliederung in die Volksrepublik China.

Bis 1953 wurden alle noch in Tsingtau lebenden Ausländer von den Kommunisten ausgewiesen. Im Zuge der sogenannten „Kulturrevolution" zerstörten 1966 Rotgardisten den deutschen Friedhof, der auch die Gebeine zahlreicher gefallener Soldaten des III. Seebataillons barg.

Japanische Truppen schaffen ein 28-cm-Haubitzrohr heran

Armierter Zug auf der brennenden Tsingtauer Hafenmole

An die Festungsbesatzung von Tsingtau

Tsingtau, den 23. August 1914

Am 15. August hat Japan Deutschland ein Ultimatum gestellt, in dem die sofortige Zurückziehung oder Entwaffnung aller deutschen Schiffe des Kreuzergeschwaders sowie die bedingungslose Übergabe Tsingtaus bis zum 15. September gefordert wurde. Frist zur Beantwortung der 23. August mittags.

Diese unerhörte Zumutung ist nach Form und Inhalt gleicherweise beleidigend. Niemals werden wir freiwillig auch nur das kleinste Stück Erde hergeben, über dem die hehre Reichskriegsflagge weht. Von dieser Stätte, die wir mit Liebe und Erfolg seit 17 Jahren zu einem kleinen Deutschland über See auszugestalten bemüht waren, wollen wir nicht weichen! Will der Gegner Tsingtau haben, so mag er kommen, es sich holen. Er wird uns auf unserem Posten finden.

Der Angriff auf Tsingtau steht bevor. Gut ausgebildet und wohl vorbereitet können wir den Gegner mit Ruhe erwarten. Ich weiß, dass die Besatzung von Tsingtau fest entschlossen ist, treu ihrem Fahneneide und eingedenk des Waffenruhms der Väter, den Platz bis zum Äußersten zu halten. Jeder in zähem Widerstande errungene neue Tag kann die unberechenbarsten, günstigsten Folgen zeitigen! Zu stolzer Freude gereicht es uns, dass nunmehr auch wir für Kaiser und Reich fechten dürfen, dass wir nicht dazu verurteilt sind, tatenlos beiseite zu stehen, während unsere Brüder in der Heimat in schwerem Kampfe stehen.

Festungsbesatzung von Tsingtau!

Ich erinnere Euch an die glorreichen Verteidigungen Kolbergs, Graudenz und der schlesischen Festungen vor etwas mehr als hundert Jahren. Nehmt Euch diese Helden zum Beispiel! Ich erwarte von Euch, dass ein jeder sein Bestes hergeben wird, um mit den Kameraden in der Heimat an Tapferkeit und jeglicher soldatischer Tugend zu wetteifern.

Wohl sind wir zur Verteidigung bestimmt, haltet Euch aber auch vor Augen, dass die Verteidigung nur dann richtig geführt wird, wenn sie vom Geiste des Angriffs erfüllt ist. Am 18. August habe ich Seiner Majestät drahtlich versichert, dass ich einstehe für Pflichterfüllung bis aufs Äußerste. Am 19. August habe ich den Allerhöchsten Befehl Seiner Majestät erhalten, Tsingtau bis aufs Äußerste zu verteidigen!

Gegnerisches Geschwader vor der Bucht von Kiautschou

Beobachtungsposten auf dem Prinz-Heinrich-Berg

Wir werden Seiner Majestät, unserem Allergnädigsten Kriegsherrn, durch die Tat beweisen, dass wir des in uns gesetzten Allerhöchsten Vertrauens würdig sind.

Es lebe Seine Majestät der Kaiser!

Der Festungsgouverneur
gez. Meyer-Waldeck

Entscheidungsringen um Tsingtau am Morgen des 7. November 1914

Deutscher berittener Marine-Artillerist

An die Bürger von Tsingtau

Tsingtau, den 23. August 1914

Am 15. August hat Japan Deutschland ein Ultimatum gestellt, in dem die sofortige Zurückziehung oder Entwaffnung aller deutschen Kriegsschiffe des Kreuzergeschwaders sowie die bedingungslose Übergabe Tsingtaus bis zum 15. September gefordert wurde. Frist zur Beantwortung bis 23. August mittags. Niemals werden wir freiwillig auch nur das kleinste Stück Erde hergeben, über dem die hehre Reichskriegsflagge weht! Von dieser Stätte, die wir mit Liebe und Erfolg seit 17 Jahren zu einem kleinen Deutschland über See auszugestalten bemüht waren, wollen wir nicht weichen. Will der Gegner Tsingtau haben, so mag er kommen, es sich zu holen. Er wird uns auf unseren Posten finden.

Der Angriff auf Tsingtau steht bevor. Gut ausgebildet und wohl vorbereitet, können wir den Gegner mit Ruhe erwarten.

Bürger von Tsingtau!

Der Augenblick naht heran, wo auch wir den Beweis unserer nationalen Gesinnung und Aufopferungsfähigkeit zu erbringen haben. Ich bin fest überzeugt, dass jeder waffenfähige Bürger bis zum Äußersten seine Pflicht tun wird, um unseren Platz zu halten. Jeder in zäher Verteidigung gewonnene neue Tag kann die unberechenbarsten, günstigsten Folgen nach sich ziehen, das halte sich jeder stets vor Augen.

In schwerem See- und Landkampf stehen unsere Volksgenossen in der Heimat! Eifern wir ihnen nach, jetzt wo es auch uns vergönnt ist, für Kaiser und Reich zu fechten. Der in vergangenen Tagen oft bewiesenen Wehrkraft deutscher Bürger eingedenk, wollen wir mit unseren Brüdern in der Heimat in Vaterlandsliebe und kriegerischer Tüchtigkeit wetteifern.

Am 18. August habe ich Seiner Majestät drahtlich versichert, dass ich für Pflichterfüllung bis aufs Äußerste einstehe. Am 19. August habe ich den Allerhöchsten Befehl Seiner Majestät erhalten, Tsingtau bis aufs Äußerste zu verteidigen.

Es lebe Seine Majestät der Kaiser!

Der Kaiserliche Gouverneur
gez. Meyer-Waldeck

Chinese der deutschen berittenen Marine-Artillerie

Tsingtau, den 7. November 1914

Euer Exzellenz!

Da meine Verteidigungsmittel erschöpft sind, bin ich bereit in Übergabeverhandlungen der nunmehr offenen Stadt einzutreten.

Wenn Eure Exzellenz diesem Vorschlage zustimmen, bitte ich, Bevollmächtigte zu den zu führenden Verhandlungen zu ernennen sowie Zeit und Ort bestimmen zu wollen zum Zusammentritt der beiderseitigen Bevollmächtigten. Als ersten Bevollmächtigten werde ich von meiner Seite den Chef des Stabes Kapitän zur See Saxer ernennen.

Der Kaiserliche Festungsgouverneur
gez. Meyer-Waldeck

An Seine Exzellenz Herrn Generalleutnant Kamio,
Oberkommandierenden der Belagerungsarmee

Nach dem Fall von Tsingtau: Eine gesprengte 28-cm-Haubitze

Hof des Tempels des Stadtgottes von Kiautschou

PERSÖNLICHKEITEN

Otto von Diederichs

Otto von Diederichs (1843–1918)

Otto von Diederichs wurde am 7. September 1843 in Minden, in der preußischen Provinz Westfalen, geboren. Am 1. Januar 1862 trat er als Avantgardeur in die Armee ein und kam zum Füsilier-Regiment Nr. 33 „Graf Roon“.

Anfang September 1865 erfolgte sein Übertritt in die Königlich-Preußische Marine im Range eines Offiziersaspiranten und Matrosen II. Klasse. Zunächst diente Diederichs auf den Segelfregatten S.M.S. „Niobe“ und „Gefion“, bevor er von November 1866 bis Juni 1867 die Marineschule absolvierte.

Im Sommer 1867 wurde er zum Unterleutnant zur See, zwei Jahre später zum Leutnant befördert. Im Deutsch-Französischen Krieg 1870/71 befehligte Diederichs das Kanonenboot „Natter“. Anschließend besuchte er die Marineakademie, diente ab 1874 vier Jahre bei den Torpedo-Streitkräften sowie – nach mehreren Einsätzen im Ausland – zwischen 1880 und 1890 als Korvettenkapitän.

Diederichs nahm auch das Amt eines Oberwerftdirektors in Kiel wahr. 1892 folgte die Beförderung zum Konteradmiral, im folgenden Jahr hatte er den Posten des Stabchefs beim Oberkommando der Marine inne.

In dieser Funktion erhielt er den Oberbefehl über jene aus der Panzerfregatte S.M.S. „Kaiser“ sowie den Kleinen Kreuzern „Prinzeß Wilhelm“ und „Cormoran“ bestehende Kreuzerdivision, die am 14. November 1897 die Besetzung der Bucht von Kiautschou vollzog.

Als Vizeadmiral wurde Diederichs Chef des Ostasiengeschwaders und beteiligte sich an den Verhandlungen über Bodenrechte im Kiautschou-Gebiet, die den Bodenwucher unterbinden und der Gemeinde einen angemessenen Anteil am Erfolg ihrer Entwicklungsarbeit sichern sollte.

Zwischen 1900 und 1902 war Diederichs Chef des Admiralstabes. Ende Januar 1902 stieg er kurzzeitig in den Rang eines Admirals auf, doch stellte man ihn bereits im August des gleichen Jahres zur Disposition und betrieb seinen Abschied aus dem aktiven Dienst.

Otto von Diederichs starb am 8. März 1918 in Baden-Baden.

Paul Jaeschke

Paul Jaeschke (1851–1901)

Paul Jaeschke wurde am 4. August 1851 in Breslau als Sohn des Bankiers Otto Jaeschke geboren. Er besuchte das Gymnasium bis zur 10. Klasse und absolvierte die „Einjährige Prüfung“.

Im April 1868 trat Jaeschke als Kadett in die preußische Marine ein. Mit dem Schulschiff „Niobe“ war er von Juli 1868 bis Juni 1869 in Westindien.

1872 erfolgte die Ernennung zum Leutnant zur See, in den folgenden Jahren wechselten Kommandos an Land und auf See einander ab. Während eines weiteren Aufenthalts in westindischen Gewässern – an Bord der S.M.S. „Augusta“ – stattete er der Insel St. Thomas einen Besuch ab. Dort lernte er Helenita von Lindemann, die Nichte des dortigen deutschen Konsuls, kennen, die er Ende Januar 1879 heiraten sollte. Aus der Ehe gingen der Sohn Hans und die Tochter Editha hervor. Helenita starb jedoch schon im Juli 1893.

Jaeschke wurde 1881 Kapitänleutnant, von 1886 bis 1888 kommandierte er in Fernost das Kanonenboot S.M.S. „Wolf“.

Nach seiner Beförderung zum Korvettenkapitän im Jahr 1888 befehligte Jaeschke die Torpedo-Abteilung in Kiel. 1892 wechselte er dann für drei Jahre ins Marineministerium nach Berlin.

Als Kapitän zur See übernahm er im April 1895 das Kommando über den Schweren Kreuzer „Kaiser“, mit dem er kurz darauf die Überfahrt nach Ostasien antrat. Im Frühling 1896 inspizierte Jaeschke im Auftrag der Marineführung die Bucht von Kiautschou. Nach Deutschland zurückbeordert setzte man ihn als Chef der Außenabteilung des Oberkommandos der Marine ein.

Am 10. Oktober 1898 wurde Jaeschke zum Gouverneur des Schutzgebietes Kiautschou ernannt, traf aber erst im Februar des Folgejahres in Tsingtau ein. Während seiner Amtszeit ehelichte er Ende März 1900 in Hongkong seine zweite Frau, Helene Wollny.

Paul Jaeschke starb am 27. Januar 1901 in Tsingtau an Typhus. Er wurde auf dem deutschen Friedhof des Schutzgebietes beigesetzt.

Alfred Meyer-Waldeck

Alfred Meyer-Waldeck (1864–1928)

Alfred Wilhelm Moritz Meyer wurde am 17. November 1864 in St. Petersburg geboren. Am 21. April 1884 trat er als Kadett in die Kaiserliche Marine ein und absolvierte seine Grundausbildung auf der Segelfregatte S.M.S. „Niobe“. Er besuchte von September 1884 bis April 1885 die Marineschule und kam danach für zwei Jahre auf die Kreuzerfregatte S.M.S. „Moltke“. 1885 wurde Meyer zum Seekadett ernannt, 1887 dann zum Unterleutnant zur See befördert. Als solcher diente er kurzzeitig auf dem Panzerschiff S.M.S. „König Wilhelm“.

Im Oktober 1887 ging Meyer für ein weiteres Jahr auf die Marineschule. Anschließend war er bis Ende April 1889 als Wachoffizier auf S.M.S. „Moltke“ tätig. In gleicher Funktion setzte man ihn im Sommer dieses Jahres wieder auf S.M.S. „Niobe“ ein. Danach folgte seine Versetzung zur I. Matrosen-Artillerie-Abteilung, inzwischen besaß er den Rang eines Kompanieoffiziers.

Am 15. Dezember 1890 wurde Meyer zum Leutnant zur See befördert. Im nächsten Jahr diente er sechs Monate lang auf der Brigg S.M.S. „Musquito“ als Wach- und Ausbildungsoffizier, von April 1892 bis Januar 1893 dann auf dem Schulschiff S.M.S. „Gneisenau“.

Als Erster Offizier war er im Frühjahr 1893 auf dem Avisio S.M.S. „Wacht“ im Einsatz. Anfang April kommandierte man ihn schließlich für zwei Jahre zum Oberkommando der Marine. Die Versetzung zur I. Torpedo-Abteilung, wo er nacheinander als Kompanie-, Wach- und Erster Offizier sowie Torpedobootskommandant fungierte, schloss sich an. Zeitgleich hatte er vom 3. August bis 21. September 1897 den Posten eines Kommandanten des Torpedo-Divisionsbootes D 1 und Flaggleutnants der II. Torpedobootsflottille inne.

Zwischen September 1897 und Mai 1898 absolvierte Meyer den I. Coetus an der Marineakademie Kiel. Für drei Monate befahl man ihn zur Inspektion des Torpedowesens, ehe er auch den II. Coetus erfolgreich abschloss.

Im Mai 1899 trat Meyer die Reise nach Panama an, um dort als Erster Offizier auf dem Kleinen Kreuzer S.M.S. „Geier“ Stationsdienst zu versehen. Nach seiner Heimkehr diente er seit Ende Juni 1901 in gleicher Funktion auf dem Vermessungsschiff S.M.S. „Hyäne“ und dem Küstenpanzerschiff S.M.S. „Hagen“. Am 28. März 1903 folgte die Beförderung zum Korvettenkapitän. Mehrere Jahre tat er Dienst im Admiralstab der Marine.

Matrosen-Divisionen

Von links nach rechts: Feldwebel im Paradeanzug, Hoboist im Paradeanzug, Ober-Steuermannsmaat im Sonntagsanzug, Ober-Matrose im Ordonanzanzug, Matrose im Wachtanzug, Matrose im weißen Hemd

Werft-Divisionen

Von links nach rechts: Heizer im Ordonanzanzug, Ober-Feuermeisters-Maat im Paradeanzug, Feldwebel im Jackett, Maschinisten-Maat im Überzieher, Schiffsjunge, Ober-Matrose im Tropenanzug

Der Landesdirektor des Fürstentums Waldeck-Pyrmont genehmigte ihm im April 1903, aufgrund seiner Verdienste, die Führung des Namens Meyer-Waldeck. Als Nachfolger Oskar von Truppels wurde Kapitän zur See Meyer-Waldeck am 19. August 1911 Gouverneur des Schutzgebietes Kiautschou, das er in den ersten Monaten des Ersten Weltkriegs gegen die überlegenen japanischen und britischen Truppen verteidigte. Munitionsmangel erzwang schließlich im November 1914 die Kapitulation.

Die weiteren Kriegsjahre verbrachte Meyer-Waldeck im japanischen Gefangenenlager Bando. Anfang 1920 erfolgte – rückwirkend auf den 27. Januar 1918 – seine Ernennung zum Vizeadmiral. Wenige Wochen später wurde er freigelassen und kehrte mit dem Dampfer „Nankai Maru“ nach Deutschland zurück. Ende August jenes Jahres schied er aus dem aktiven Dienst. Alfred Meyer-Waldeck starb am 25. August 1928 in Bad Kissingen.

Marinestreitkräfte

Von links nach rechts: Heizer im Arbeitsanzug, Matrose in Bluse und weißer Mütze, Seesoldat in Tropenausrüstung, Bootsmanns-Maat in Ölzeug, Obermatrose einer Torpedoabteilung, Obermatrose im Tropenlandeanzug, Feldwebel im Paradeanzug, Matrose im Taucheranzug, Oberbootsmann im Dienstanzug, Torpedomaschinist im Jackett

Gunther Plüschow – der „Flieger von Tsingtau“

Gunther Plüschow (1886–1931)

Durch seine gewagten Aufklärungsflüge während der Belagerung Tsingtaus im Ersten Weltkrieg erlangte der deutsche Marineflieger Gunther Plüschow Berühmtheit.

Plüschow wurde am 8. Februar 1886 in München geboren und fand bereits im Alter von 10 Jahren Aufnahme in die Kadettenanstalt Plön. Anfang April 1904 trat er als Seekadett in die Kaiserliche Marine ein, zwei Jahre später diente er als Leutnant auf S.M.S „Fürst Bismarck“. Im Frühjahr 1914 folgte schließlich seine Ausbildung zum Flugzeugführer bei den Rumpler-Werken in Berlin-Johannisthal.

Mitte Juli 1914 wurde Plüschow nach Kiautschou kommandiert, gemeinsam mit Leutnant Müllerskowsky sollte er zwei für das Schutzgebiet bestimmte Flugzeuge vom Typ Etrich Taube testen. Während Müllerskowsky bereits beim Erstflug abstürzte und schwer verletzt wurde, gelangen Plüschow einige erfolgreiche Probeflüge mit dem von Rumpler hergestellten Modell.

Auch Plüschow konnte eine Bruchlandung infolge einer Motorstörung nicht vermeiden, blieb jedoch unverletzt, während seine Maschine notdürftig repariert wurde.

Die Flugbedingungen in Kiautschou waren nicht gerade günstig. Als Flugplatz stand lediglich ein Areal von 600 x 200 Metern zur Verfügung, zudem gestalteten sich infolge der nahen Hügel und Felsen die Windverhältnisse als sehr schwierig.

Nach Ausbruch des Ersten Weltkriegs veränderte sich die Lage in Kiautschou schlagartig; seit Anfang September landeten japanische Truppen in Schantung und schnitten Tsingtau allmählich von allen Verbindungen ab.

Als „das Auge von Tsingtau“ führte Plüschow fortan wichtige Aufklärungsflüge durch und griff sogar feindliche Ziele mit selbst hergestellten Bomben an.

Schon bald machte sich der Mangel an Flugzeugen auf deutscher Seite nachteilig bemerkbar. Plüschow musste mit seiner „Taube“ schließlich allein gegen acht japanische Maschinen bestehen, darunter vier Wasser-Doppeldecker, die auch auf See problemlos starten und landen konnten. Hinzu kam, dass der deutsche Flugplatz nach der völligen Einschließung Tsingtaus in Reichweite der feindlichen Artillerie lag.

Plüschow in seiner „Taube“

Plüschows „Taube“ über dem umkämpften Kiautschou

Immerhin gelang es dem deutschen Marineflieger, den Gouverneur ständig über die feindlichen Aktivitäten auf dem Laufenden zu halten. Bei einem Luftkampf konnte er ein japanisches Flugzeug mit 30 Schüssen aus seiner Parabellum-Pistole zur Landung zwingen.

Plüschow begann sogar mit dem Bau eines eigenen Wasser-Doppeldeckers, allerdings musste er seine Konstruktion angesichts der bevorstehenden Kapitulation Tsingtaus selbst wieder zerstören.

Am 5. November erhielt der „Flieger von Tsingtau" den Befehl, das Schutzgebiet zu verlassen – er sollte das Kriegstagebuch und andere wichtige Dokumente in Sicherheit bringen. Ausgestattet mit einem chinesischen Pass landete er im 250 km südlich gelegenen Haidschou in der Provinz Kiangsu, wo er sein Flugzeug verbrannte und die Papiere aus Kiautschou bei den vorgesehenen Stellen ablieferte.

In den nächsten Monaten schlug Plüschow sich, unter wechselnder Verkleidung, über Schanghai nach San Francisco durch. Getarnt als Schweizer reiste er auf einem italienischen Schiff bis Gibraltar, wurde dort jedoch von den Briten verhaftet und als Kriegsgefangener nach England gebracht.

Aus dem Gefangenenlager Domington-Hall bei London glückte ihm im Frühjahr 1915 die Flucht. Wochenlang versteckte er sich in den Docks von London, bevor er schließlich – als blinder Passagier – per Schiff nach Vlissingen in die neutralen Niederlande gelangen und von dort in die Heimat zurückreisen konnte.

Bis Kriegsende diente Plüschow noch bei verschiedenen Seefliegerabteilungen; er wurde am 17. Oktober 1915 zum Kapitänleutnant befördert und schied Ende 1919 aus dem aktiven Militärdienst aus.

In späteren Jahren unternahm er noch ausgedehnte Expeditionen nach Chile und Argentinien, wobei er unter anderem die Darwin-Kordillere auf der großen Feuerlandinsel, Kap Hoorn und die Torres del Paine in Patagonien überflog.

Gunther Plüschow starb am 28. Januar 1931 bei einem Flugzeugabsturz am Rico-See in Argentinien. Seine Erlebnisse beim Kampf um Tsingtau hat er in seinem Werk „Die Abenteuer des Fliegers von Tsingtau" niedergeschrieben.

Prinz Heinrich von Preußen mit seiner Familie

Prinz Heinrich von Preußen (1862–1929)

Albert Wilhelm Heinrich von Preußen wurde am 14. August 1862 als Sohn des späteren deutschen Kaisers Friedrich III. geboren. Seine Mutter war die britische Prinzessin Victoria, Tochter der gleichnamigen Queen.

Nach dem Besuch des Gymnasiums in Kassel, das er 1877 mit Mittlerer Reife abschloss, trat Heinrich im Alter von fünfzehn Jahren in die kaiserliche Marine ein und begann eine Ausbildung zum Seeoffizier. Zu dieser Ausbildung gehörte auch eine zweijährige Weltreise, die den Prinzen in den Jahren 1878 bis 1880 erstmals nach Ostasien führte. Im Rahmen der Reise hielt er sich ein Jahr lang in Japan auf, wo er mit dem Kaiser Meiji zusammentraf.

Am 1. Oktober 1880 bestand er die Seeoffiziershauptprüfung. Der Besuch der Marineakademie, die von 1884 bis 1886 neben dem eigentlichen Dienst – vor allem in den Wintermonaten – zu absolvieren war, schloss sich an.

In den folgenden Jahren kommandierte Heinrich mehrere Schiffe: 1887 ein Torpedoboot, 1888 die kaiserliche Yacht „Hohenzollern“, 1889 bis 1890 den Kreuzer II. Klasse S.M.S. „Irene“, 1892 das Küstenpanzerschiff S.M.S. „Beowulf“, 1893 bis 1894 das Linienschiff S.M.S. „Sachsen“ und 1895 die S.M.S. „Wörth“.

Seit dem 24. Mai 1888 war er mit seiner Cousine Irene von Hessen-Darmstadt verheiratet, einer Schwester der russischen Zarin Alexandra. Aus der Ehe gingen drei Kinder hervor: Waldemar Wilhelm Ludwig Friedrich (* 20. März 1889, † 2. Mai 1945), August Wilhelm Viktor Karl Heinrich Sigismund (* 27. November 1896, † 14. November 1978) und Heinrich Viktor Ludwig Friedrich (* 9. Januar 1900, † 26. Februar 1904).

Ab 1897 befehligte der Prinz größere Schiffsverbände, zunächst die gegen Ende jenes Jahres aufgestellte II. Division des Kreuzergeschwaders, welche kurz nach der Besetzung der Bucht von Kiautschou als Verstärkung nach China entsandt wurde.

Heinrich hatte mehr diplomatische als militärische Erfolge aufzuweisen. So war er der erste Angehörige eines europäischen Herrscherhauses, der am chinesischen Kaiserhof empfangen wurde. Da er seinen regierenden Bruder Wilhelm II. um eine Verlängerung seines Aufenthaltes in Fernost bat, erhielt er von diesem 1899 den Oberbefehl über das gesamte Kreuzergeschwader. Dieses Kommando gab er allerdings bereits im Januar 1900, anlässlich einer bevorstehenden Rückkehr nach Europa, wieder ab.

S.M. II. Kreuzerdivision in Ostasien,
Chef Konteradmiral Prinz Heinrich von Preußen

Soldaten des III. Seebataillons in den Prinz-Heinrich-Bergen,
einem nach dem Hohenzollern benannten Höhenzug des Lauschan

In der Heimat wurde der Prinz im Herbst 1900 zum Kommandanten des I. Geschwaders und im Jahr 1903 zum Chef der Marinestation Ostsee ernannt. Von 1906 bis 1909 hatte Heinrich den Posten eines Chefs der Hochseeflotte inne, 1909 beförderte ihn sein Bruder zum Großadmiral und Generalinspekteur der Marine. Während dieser Zeit residierte er im Kieler Schloss.

Als Marineoffizier nahm er eine Aufgabe wahr, die ihn vollkommen ausfüllte. Heinrich galt als Praktiker und hervorragender Seemann. Er erwarb zudem einen der ersten Pilotenscheine in Deutschland. Segeln war eine weitere Lieblingsbeschäftigung, der er im Kaiserlichen Yacht-Klub Kiel als Vereins-Vizekommodore nachging. Außerdem spielte er Golf und Polo. Der modernen Technik stand er sehr aufgeschlossen gegenüber und erkannte schnell den praktischen Wert von Neuerungen auf diesem Gebiet. Frühzeitig drang er auf den Einsatz von U-Booten und Flugzeugen.

1899 erhielt er die Ehrendoktorwürde (Dr.-Ing. E.h.) der Technischen Hochschule Berlin. Auch im Ausland bedachte man ihn mit zahlreichen Auszeichnungen, so etwa im Jahr 1902 mit der Ehrenwürde der Harvard University.

Zu Beginn des Ersten Weltkriegs übernahm der Prinz das Kommando über die Flottenverbände in der Ostsee. Obwohl die ihm zur Verfügung gestellten Mittel den russischen Seestreitkräften weit unterlegen waren, konnte er diese doch bis Ende 1917 völlig in die Defensive drängen und feindliche Angriffe auf deutsche Küstenabschnitte verhindern. Mit dem Ende des Krieges schied Heinrich als Mitglied des Hauses Hohenzollern aus der Marine aus.

Er stellte sich im November 1918 zunächst offen gegen die Revolution, fürchtete dann aber doch um das Wohlergehen seiner Familie und floh mit dieser aus Kiel. In den folgenden Jahren lebte Heinrich mit seinen Angehörigen auf Gut Hemmelmark bei Eckernförde. Der Prinz ging weiterhin dem Motor- und Segelsport nach und betätigte sich noch im Alter als Regattasegler. Ihm zu Ehren veranstaltete man die „Prinz-Heinrich-Fahrt". Gleichzeitig widmete sich der Hohenzoller privat dem neu aufgekommenen Autorennsport.

Prinz Heinrich von Preußen starb am 20. April 1929 an Kehlkopfkrebs, auf Gut Hemmelmark fand er seine letzte Ruhestätte.

Ferdinand Freiherr von Richthofen

Ferdinand von Richthofen (1833 – 1905)

Ferdinand Freiherr von Richthofen wurde am 5. Mai 1833 in Carlsruhe, in der preußischen Provinz Schlesien, geboren. Er studierte in Breslau und Berlin Geologie. Nach seiner Promotion beteiligte er sich in den Jahren 1856 bis 1860 zunächst an geologischen Studien in Südtirol und Siebenbürgen. Eine großangelegte Forschungsreise führte ihn dann für zwölf Jahre nach Asien und Nordamerika.

Zunächst besuchte er als Teilnehmer der von Friedrich Albrecht zu Eulenburg geleiteten preußischen Ostasienexpedition Ceylon, Japan, Formosa, die Philippinen und Java. Den Aufenthalt auf Java nutzte Richthofen zur Erkundung bis dahin noch unentdeckter Landesteile. Als Geologe erforschte er hier vor allem die Entstehung des Vulkangesteins.

Es folgte eine Landreise von Bangkok nach Mulmen am Bengalischen Meerbusen. Den Plan, anschließend von Kalkutta aus ganz Zentralasien zu durchqueren, musste Richthofen hingegen aus finanziellen Gründen aufgeben. Er verließ Asien vorerst und befasste sich in Kalifornien und der Sierra Nevada mit geologischen Themen. Erst 1868 kehrte er – mit Unterstützung der Handelskammer von San Francisco – wieder in den Fernen Osten zurück.

Von Schanghai aus widmete er sich bis 1872 der intensiven Erforschung des chinesischen Kaiserreiches. Unter schwierigen Bedingungen bereiste Richthofen 13 der 18 Provinzen des damaligen China und trug dazu bei, dass große Teile dieses fernöstlichen Landes für die westliche Wissenschaft erschlossen wurden. Hier verlagerte sich sein Forschungsschwerpunkt von der Geologie zunehmend auf die Geographie. Er beschäftigte sich mit den Zusammenhängen des Gesteinsbaus (Stratigraphie), der Oberflächenformen (Geomorphologie), des Klimas, der Pflanzen- und Tierwelt, der Besiedlung sowie der Wirtschaft und Kultur in den umliegenden Regionen.

Im Oktober 1871 brach Richthofen von Peking aus zu einer weiteren Reise auf, die ihn über Taiyuan, entlang des Fenheflusses, nach Xian führte. Durch die Qinling-Shan- und die Daba-Shan-Berge gelangte er nach Chengdu. Von hier aus wollte er Kanton erreichen, doch wurde sein Expeditionstrupp unterwegs von Räubern überfallen.

Richthofen entschloss sich daraufhin zum Abbruch der Expedition. Über Luzhou und Chongqing im Roten Becken erreichte er, dem Lauf des Jangtsekiang folgend, Yichang, Wuhan, Nanking und schließlich Schanghai.

Felsen im Lauting, Nordchina

Hauptziel seiner Chinareise war die Erfassung der Kohlevorkommen des Landes. Mittels der genauen Offenlegung der einheimischen Wirtschafts- und Bevölkerungsstruktur sollte die in Europa noch unbekannte Region den deutschen Interessen geöffnet werden.

Nach seiner Rückkehr in die Heimat amtierte Richthofen von 1873 bis 1878 als Präsident der Berliner Gesellschaft für Erdkunde. Er forderte eine Ausweitung des deutschen Einflusses in China, wozu er auch eine Denkschrift an den Reichskanzler Otto von Bismarck richtete.

Als Professor für Geographie wurde er 1875 nach Bonn, 1883 nach Leipzig und drei Jahre später nach Berlin gerufen. Zu seinen Studenten zählten Sven Hedin, Alfred Philippson, Arthur Berson und Wilhelm Sievers.

Ferdinand von Richthofen starb am 6. Oktober 1905 in der Reichshauptstadt.

Der Lotussee von Tsinanfu

Alfred von Tirpitz

Alfred von Tirpitz (1849–1930)

Alfred Peter Friedrich Tirpitz wurde am 19. März 1849 in Küstrin geboren. Er war der Sohn des königlich-preußischen Geheimen Justizrats Rudolf Tirpitz. Der junge Alfred begann seine militärische Laufbahn am 24. April 1865 im Range eines einfachen Kadetten, zwei Jahre später erfolgte die Ernennung zum Seekadetten.

Nach seinem Eintritt in die Marine des Norddeutschen Bundes wurde er im September 1869 zum Unterleutnant zur See befördert. Am 25. Mai 1872 stieg er zum Leutnant zur See, am 18. November 1875 zum Kapitänleutnant, am 17. September 1881 zum Korvettenkapitän, am 24. November 1888 schließlich zum Kapitän zur See auf.

Tirpitz heiratete im November 1884 in Berlin Maria Auguste Lipke. Am 12. Juni 1900 erhob ihn Kaiser Wilhelm II. in den Adelsstand.

In seiner militärischen Laufbahn erreichte Tirpitz Mitte Mai 1895 den Rang eines Konteradmirals. Seit Anfang Dezember 1899 war er Vizeadmiral, vier Jahre später Admiral. Am 27. Januar 1911 verlieh ihm Wilhelm II. den Titel eines Großadmirals.

Alfred von Tirpitz gilt als der Begründer der deutschen Hochseeflotte. Er verfolgte das Ziel, eine Flotte zu schaffen, die stark genug war, um die überlegene Seemacht Großbritannien von einer direkten Konfrontation mit dem Deutschen Reich abzuhalten. Die unter seiner Ägide aufgestellten Seestreitkräfte werden deshalb auch als „Risikoflotte“ bezeichnet. Immerhin wurden sie im Vorfeld des Ersten Weltkrieges von den Briten als latente Bedrohung aufgefasst.

Während des Weltkrieges kam es über den Einsatz der Flotte zwischen dem Kaiser und Tirpitz zu Meinungsverschiedenheiten, die letztlich zum Ausscheiden des Großadmirals aus dem militärischen Dienst führten. Am 15. März 1916 trat er in den Ruhestand.

Alfred von Tirpitz gehörte von 1908 bis 1918 dem Preußischen Herrenhaus an und war seit 1924 als Abgeordneter der Deutschnationalen Volkspartei (DNVP) Mitglied des Reichstags. Er starb am 6. März 1930 in Ebenhausen bei München.

Oskar von Truppel

Der von Truppel angelegte Gouvernementsgarten in Tsingtau

Oskar von Truppel (1854–1931)

Oskar von Truppel wurde am 17. Mai 1854 in Katzhütte geboren. 1871 trat er als Kadett in die Kaiserliche Marine ein und nahm hier in den folgenden achtundzwanzig Jahren verschiedenste Aufgaben wahr. Er war unter anderem Torpedo-Divisionschef, Artillerie-Instrukteur und Dezernent im Reichsmarineamt und beim Oberkommando. Im Rahmen seiner Tätigkeit lernte er sämtliche Kontinente kennen.

Seine Laufbahn im Pachtgebiet Kiautschou begann 1898, als er mit dem interimistischen Oberbefehl über die dortigen Seestreitkräfte betraut wurde. Zu diesem Zeitpunkt hatte er den Rang eines Kapitäns zur See. Im Januar 1901 starb Gouverneur Paul Jaeschke überraschend an Typhus, sein Amt übernahm zunächst provisorisch Max Rollmann. Anfang Juni ernannte man dann an seiner Statt Oskar von Truppel, der kurz zuvor zum Vizeadmiral aufgestiegen war.

Unter Truppel entwickelte sich das deutsche Schutzgebiet zur „Musterkolonie“. Er förderte die Industrie und den Wohnungsbau in der sich rasch vergrößernden Stadt Tsingtau. Auch zahlreiche repräsentative Bauten, beispielsweise das Gouvernementsgebäude, ließ er errichten. Seit 1905 bewohnte er die fertig gestellte Gouverneursresidenz.

Nach zehn Jahren erfolgreicher Aufbauarbeit im Fernen Osten trat Truppel am 19. August 1911 auf eigenen Wunsch von seinem Posten zurück. In Deutschland lehrte er in den nächsten Jahren noch an der Marineakademie. Oskar von Truppel starb am 20. August 1931 in Berlin-Frohnau.

Blick vom Observatorienhügel auf Tsingtau

Konfuziustempel der Stadt Kiautschou

DOKUMENTE

Die Tsingtauer Werft von See her

Die Außenreede

Vertrag zwischen dem Kaiserreich China und dem Deutschen Reich über die Verpachtung des Gebietes der Bucht von Kiautschou (6. März 1898)

Nachdem nunmehr die Vorfälle bei der Mission in der Präfektur Tsauchoufu in Schantung ihre Erledigung gefunden haben, hält es die Kaiserlich Chinesische Regierung für angezeigt, ihre dankbare Anerkennung für die ihr seither von Deutschland bewiesene Freundschaft noch besonders zu bestätigen. Es haben daher die Kaiserlich Deutsche und die Kaiserlich Chinesische Regierung, durchdrungen von dem gleichmäßigen und gegenseitigen Wunsche, die freundschaftlichen Bande beider Länder zu kräftigen und die wirtschaftlichen und Handelsbeziehungen der Untertanen beider Staaten mit einander weiter zu entwickeln, nachstehende Separat-Convention abgeschlossen.

Teil I: Verpachtung von Kiautschou

Artikel I

Seine Majestät der Kaiser von China, von der Absicht geleitet, die freundschaftlichen Beziehungen zwischen China und Deutschland zu kräftigen und zugleich die militärische Bereitschaft des Chinesischen Reiches zu stärken, verspricht, indem Er Sich alle Rechte der Souveränität in einer Zone 50 Kilometern (100 chinesischen Li) im Umkreis von der Kiautschou-Bucht bei Hochwasserstand vorbehält, in dieser Zone den freien Durchmarsch Deutscher Truppen zu jeder Zeit zu gestatten, sowie daselbst keinerlei Maßnahmen oder Anordnungen ohne vorhergehende Zustimmung der Deutschen Regierung zu treffen und insbesondere einer etwa erforderlich werdenden Regulierung der Wasserläufe kein Hindernis entgegenzusetzen. Seine Majestät der Kaiser von China behält sich hierbei vor, in jener Zone im Einvernehmen mit der Deutschen Regierung Truppen zu stationieren sowie andere militärische Maßregeln zu treffen.

Artikel II

In der Absicht, den berechtigten Wunsch Seiner Majestät des Deutschen Kaisers zu erfüllen, dass Deutschland gleich anderen Mächten einen Platz an der Chinesischen Küste inne haben möge für die Ausbesserung und Ausrüstung von Schiffen, für die Nieder-

Chinesische Dschunken vor Tsingtau

legung von Materialien und Vorräten für dieselben, sowie für sonstige dazu gehörende Einrichtungen, überlässt Seine Majestät der Kaiser von China beide Seiten des Eingangs der Bucht von Kiautschou pachtweise, vorläufig auf 99 Jahre, Deutschland. Deutschland übernimmt es, in gelegener Zeit auf dem ihm überlassenen Gebiete Befestigungen zum Schutze der gedachten baulichen Anlagen und der Einfahrt des Hafens zur Ausführung zu bringen.

Artikel III

Um einem etwaigen Entstehen von Konflikten vorzubeugen, wird die Kaiserlich Chinesische Regierung während der Pachtdauer im verpachteten Gebiete Hoheitsrechte nicht ausüben, sondern überlässt die Ausübung derselben Deutschland, und zwar für folgendes Gebiet:

1. An der nördlichen Seite des Einganges der Bucht: Die Landzunge abgegrenzt nach Nordosten durch eine von der nordöstlichen Ecke von Potato Island (Yintan) nach Loshan Harbour (Lauschan-Hafen) gezogene Linie.
2. An der südlichen Seite des Eingangs zur Bucht: Die Landzunge abgegrenzt durch eine von dem südwestlichsten Punkte der südwestlich von Chiposan Island (Huangtau) befindlichen Einbuchtung in der Richtung auf Tolosan Island gezogene Linie.
3. Insel Chiposan und Potato Island.
4. Die gesamte Wasserfläche der Bucht bis zum höchsten derzeitigen Wasserstande.
5. Sämtliche der Kiautschou-Bucht vorgelagerten und für deren Verteidigung von Seeseite in Betracht kommenden Inseln, namentlich Tolosan, Tschalientau, etc.

Eine genauere Festsetzung der Grenze des an Deutschland verpachteten Gebiets sowie der 50-Kilometer-Zone um die Bucht herum behalten sich die hohen Kontrahenten vor, durch beiderseitig zu ernennende Kommissare nach Maßgabe der örtlichen Verhältnisse vorzunehmen.

Chinesischen Kriegs- und Handelsschiffen sollen in der Kiautschou-Bucht dieselben Vergünstigungen zu Teil werden wie den Schiffen anderer mit Deutschland befreundeter Nationen, und es soll das Ein- und Auslaufen chinesischer Schiffe in der Bucht keinen anderen Einschränkungen unterworfen werden, als die Kaiserlich Deutsche Regierung kraft der an Deutschland auch für die gesamte Wasserfläche der Bucht übertragenen Hoheitsrechte, in Bezug auf die Schiffe anderer Nationen zu irgend einer Zeit festzusetzen für geboten erachten wird.

Landstraße in Schantung

Die Schiffsreparaturwerkstatt der Werft

Artikel IV

Deutschland verpflichtet sich, auf den Inseln und Untiefen vor Eingang der Bucht die erforderlichen Seezeichen zu errichten.

Von chinesischen Kriegs- und Handelsschiffen sollen in der Kiautschou-Bucht keine Abgaben erhoben werden, ausgenommen solche, denen auch andere Schiffe zum Zwecke der Unterhaltung der nötigen Hafen- und Kaianlagen unterworfen werden.

Artikel V

Sollte Deutschland später einmal den Wunsch äußern, die Kiautschou-Bucht vor Ablauf der Pachtzeit an China zurückzugeben, so verpflichtet sich China, die Aufwendungen, die Deutschland in Kiautschou gemacht hat, zu ersetzen und einen besser geeigneten Platz an Deutschland zu gewähren.

Deutschland verpflichtet sich, das von China gepachtete Gebiet niemals an eine andere Macht weiter zu verpachten.

Der im Pachtgebiet wohnenden chinesischen Bevölkerung soll, vorausgesetzt, dass sie sich den Gesetzen und der Ordnung entsprechend verhält, jederzeit der Schutz der Deutschen Regierung zu Teil werden; sie kann, soweit nicht ihr Land für andere Zwecke in Anspruch genommen wird, dort verbleiben.

Wenn Grundstücke chinesischer Besitzer zu irgendwelchen Zwecken in Anspruch genommen werden, so sollen die Besitzer dafür entschädigt werden.

Was die Wiedereinrichtung von chinesischen Zollstationen betrifft, die außerhalb des an Deutschland verpachteten Gebiets, aber innerhalb der vereinbarten Zone von 50 Kilometern, früher bestanden haben, so beabsichtigt die Deutsche Regierung, sich über die allendliche Regelung der Zollgrenze und der Zollvereinnahmung in einer alle Interessen Chinas wahrenden Weise mit der Chinesischen Regierung zu verständigen und behält sich vor, hierüber in weitere Verhandlungen einzutreten.

Steinkohlebergwerk in Fangtse

Der Anni-Schacht in Fangtse mit Beamtenkolonie

Teil II: Eisenbahn- und Bergwerks-Konzessionen

Artikel I

Die Kaiserlich Chinesische Regierung gewährt Deutschland die Konzession für folgende Bahnlinien in der Provinz Schantung:

1. Von Kiautschou über Weihsien, Chingchou, Poshan, Tzechuan und Tsouping nach Tsinanfu und von dort in Richtung nach der Grenze von Schantung.
2. Von Kiautschou nach Ichoufu und von dort weiter durch Laiwuhsien nach Tsinanfu.

Was den Bau der Strecke von Tsinanfu nach der Grenze von Schantung betrifft, so soll derselbe erst nach Fertigstellung der Bahn bis Tsinanfu in Angriff genommen werden, um den Anschluss derselben an die von China selber zu bauende Bahnlinie in Erwägung zu ziehen; der über die Einzelbestimmungen für das ganze Unternehmen noch zu vereinbarende besondere Vertrag soll auch die Route für diese letztere Strecke bestimmen.

Artikel II

Für den Bau der genannten Bahnlinien sollen eine oder mehrere deutsch-chinesische Eisenbahngesellschaften gebildet werden. Deutsche und chinesische Kaufleute können das Aktienkapital hierfür aufbringen, und von beiden Seiten wird man zuverlässige Beamte ernennen, die das Unternehmen überwachen.

Artikel III

Zur Regelung der Einzelheiten wird von beiden hohen Kontrahenten demnächst noch ein besonderer Vertrag aufgesetzt werden. China und Deutschland werden hierbei die Angelegenheit für sich regeln, jedoch verpflichtet sich die Chinesische Regierung hierbei, der (den) zu bildenden deutsch-chinesischen Eisenbahngesellschaft(en) günstige Bedingungen für den Bau und den Betrieb der bezeichneten Bahnen derart zu gewähren, dass dieselbe(n) in allen wirtschaftlichen Fragen nicht schlechter gestellt sein wird (werden), als andere chinesisch-europäische Gesellschaften anderswo im Chinesischen Reiche. Diese

Ankunft eines Zuges in Tsingtau

Der Bahnhof in Tschoutsun

Bestimmung bezieht sich nur auf wirtschaftliche Dinge und hat keinerlei andere Bedeutung. Irgendein Gebietsteil der Provinz Schantung darf bei dem Bau der Bahnlinie nicht annektiert oder okkupiert werden.

Artikel IV

An den genannten Bahnlinien entlang, in einem Abstand von 30 Li von den Linien, wie besonders in Poshan und Weihsien an der Linie Kiautschou-Tsinanfu, sowie in Ichoufu und in Laiwuhsien an der Linie Kiautschou-Ichoufu-Tsinanfu, wird deutschen Unternehmern die Ausbeutung von Kohlenlagern und sonstige Unternehmungen sowie die Ausführung der notwendigen öffentlichen Arbeiten gestattet. Dabei können deutsche und chinesische Kaufleute gemeinsam Kapitalien in den Unternehmungen anlegen. Ebenso wie für die Eisenbahnkonzessionen werden auch die auf dem Betrieb von Bergwerken bezüglichen Bestimmungen noch besonders vereinbart werden. Die Chinesische Regierung verspricht hierbei, den deutschen Kaufleuten und Ingenieuren in Übereinstimmung mit der in Bezug auf Eisenbahnen übernommenen Verpflichtung günstige Bedingungen derart zu gewähren, dass die deutschen Unternehmer nicht schlechter gestellt sein werden, als andere chinesisch-europäische Gesellschaften anderswo im Chinesischen Reiche. Auch diese Bestimmung bezieht sich nur auf wirtschaftliche Dinge und hat keinerlei andere Bedeutung.

Teil III: Prioritätsrechte in der Provinz Schantung

Die Kaiserlich Chinesische Regierung verpflichtet sich in allen Fällen, wo zu irgendwelchen Zwecken innerhalb der Provinz Schantung fremdländische Hilfe an Personen, an Kapital oder Material in Anspruch genommen werden soll, die betreffenden Arbeiten und Materiallieferungen zunächst deutschen Industriellen und Handeltreibenden, welche sich mit dergleichen Sachen befassen, anzubieten.

Falls die deutschen Industriellen und Handeltreibenden nicht geneigt sind, die Ausführung solcher Arbeiten oder die Lieferung von Materialien zu übernehmen, so soll China nach Belieben anders verfahren können.

Die vorstehenden Abmachungen sollen von den Souveränen beider vertragschließenden Staaten ratifiziert werden, dass nach Eingang der chinesischerseits ratifizierten Vertrags-

Hafenbetrieb in Tsingtau

Verladung von Schantung-Kohle

Urkunde in Berlin die deutscherseits ratifizierte Urkunde dem Chinesischen Gesandten ausgehändigt werden wird.

Der vorstehende Vertrag ist in vier Ausfertigungen – zwei deutschen und zwei chinesischen – aufgesetzt und am sechsten März eintausendachthundertachtundneunzig gleich dem vierzehnten Tage des zweiten Mondes im vierundzwanzigsten Jahr Kuanghsü von den Vertretern der beiden vertragschließenden Staaten unterzeichnet worden.

Der Kaiserlich Deutsche Gesandte

(gez.) Freiherr von Heyking.

Kaiserlich Chinesischer Groß-Sekretär
Minister des Tsungli Yamen
etc. etc. etc.

(gez.) Li Hung Chang.

Kaiserlich Chinesischer Groß-Sekretär
Mitglied des Staatsrates
Minister des Tsungli Yamen
etc. etc. etc.

(gez.) Wenig Tungho.

RUSSISCHES
TURKESTAN
Balkasch-See
Semipalatinsk
Akmolinsk
Karkaralinsk
Barnaul
Biisk
Minussinsk
Krasnojarsk
Kansk
Irkutsk
Tannu-ula
Kobdo
Uljassutai
Urga
Hangai-Geb.
Altai-Gebirge
MONGOLEI
Gobi od. Schamo
Dsungarei
Kuldscha
Urumtschi
Turfan
Hami
Barkul
Kutscha
Aksu
Kaschgar
Jarkend
Khotan
Keriya
Pamir
Tienschan
SINKIANG
Tarim-Becken
Ost-Turkestan
Altyntag
Lobnor
Tschertschen
Schatschou
Ansi
Sutschou
Nanschan
Tsaidam-Sumpf
Kuku-nor
Richthofen-Geb.
Ninghia
Liangtschou
Lantschou
Kuenlun
CHINESISCHES REICH
Karakorum-Geb.
TIBET
Transhimalaya
Tengri-nor
Lhasa
Schigatse
Brahmaputra
Mt. Everest
Khatmandu
NEPAL
Bhutan
Himalaya-Geb.
Tsinling
Tschengtu
Pauning
Sütschou (Suifu)
Yünnan
Tali
Yunnan
Französisches Einfl...
Britisch...
Indus
Lahore
Amritsar
Ludhiana
Meerut
Delhi
Agra
Gwalior
Bareilly
Lucknow
Ganges
Allahabad
Benares
Patna
Bhagalpur
Hindustan
BRITISCH-INDIEN
VORDER-INDIEN
Jubbulpore
Nagpur
Chandarnagar (fr.)
Howrah
CALCUTTA
Ganges Delta
Cuttack
Sambalpur
Vizagapatam
Yanaon (fr.)
Masulipatam
Bengalischer Meerbusen
Gauhati
Sadiya
Manipur
Silchar
Chittagong
Myitkyina
Bhamo
Mandalay
Myingyan
Prome
Bassein
HINTER-INDIEN
SIAM
INDOCHINA
TONGKING
Luang Prabang
Thanhhoa
Golf v. Tongking

Ostasien

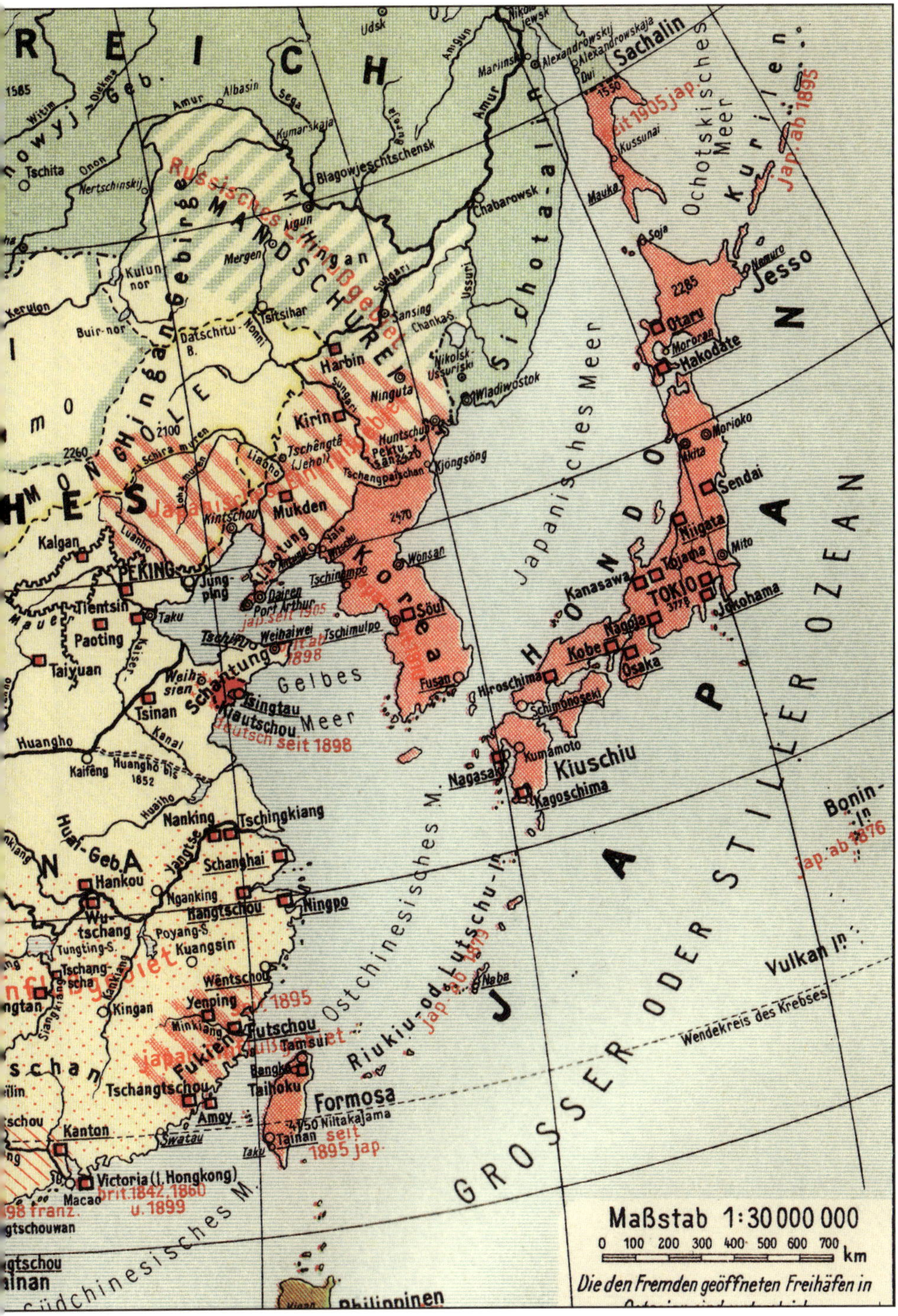
R E I C H
Sachalin
seit 1905 jap.
Ochotskisches Meer
Kurilen
Jap. ab 1875
Russisches Einflußgebiet
MANDSCHUREI
Japanisches Einflußgebiet
Blagowjeschtschensk
Chabarowsk
Wladiwostok
Harbin
Kirin
Mukden
Tschita
Nertschinskij
Kulun-nor
Buir-nor
Tsitsihar
Sansing
Ninguta
Sichota-alin
Jesso
Otaru
Hakodate
Morioko
Sendai
Niigata
Mito
Kanasawa
TOKIO
Jokohama
Nagoja
Kobe
Osaka
Hiroschima
Schimonoseki
Kumamoto
Kiuschiu
Nagasaki
Kagoschima
HONDO
JAPAN
Japanisches Meer
Korea
jap. seit 1910
Söul
Wönsan
Tschimulpo
Fusan
Dairen
Port Arthur
jap. seit 1905
Weihaiwei
brit. ab 1898
Gelbes Meer
Tsingtau
Kiautschou
deutsch seit 1898
Schantung
PEKING
Tientsin
Taku
Paoting
Taiyuan
Tsinan
Kalgan
Huangho
Kaifeng
Nanking
Tschingkiang
Schanghai
Hankou
Wutschang
Hangtschou
Ningpo
Wentschou
Futschou
Amoy
Swatau
Kanton
Victoria (I. Hongkong)
brit. 1842, 1860 u. 1899
Macao
Formosa
1895 jap.
Tamsui
Taihoku
Tainan
Ostchinesisches M.
Riukiu- od. Lutschu-In.
jap. ab 1879
Naba
Südchinesisches M.
Philippinen
Bonin-In.
jap. ab 1876
Vulkan In.
Wendekreis des Krebses
GROSSER ODER STILLER OZEAN
Maßstab 1:30 000 000
0 100 200 300 400 500 600 700 km
Die den Fremden geöffneten Freihäfen in

hr 1914

Japans Kriegserklärung

Das am 19. August von der japanischen Botschaft in Berlin dem Auswärtigen Amt überreichte Ultimatum hat folgenden Wortlaut:

Die kaiserlich japanische Regierung erachtet es in der gegenwärtigen Lage für äußerst wichtig und notwendig, Maßnahmen zu ergreifen, um alle Ursachen einer Störung des Friedens im fernen Osten zu beseitigen und das allgemeine Interesse zu wahren, das durch den Bündnisvertrag zwischen Japan und Großbritannien ins Auge gefaßt ist, um einen festen und dauernden Frieden in Ostasien zu sichern, dessen Herstellung das Ziel des besagten Abkommens bildet. Sie hält es deshalb aufrichtig für ihre Pflicht, der kaiserlich deutschen Regierung den Rat zu erteilen, die nachstehenden beiden Vorschläge auszuführen:

Erstens. Unverzüglich aus den japanischen und chinesischen Gewässern die deutschen Kriegsschiffe und bewaffneten Fahrzeuge jeder Art zurückzuziehen und diejenigen, die nicht zurückgezogen werden können, alsbald abzurüsten.

Zweitens. Bis spätestens 15. September 1914 das gesamte Pachtgebiet von Kiautschou bedingungslos und ohne Entschädigung den kaiserlich japanischen Behörden zu dem Zweck auszuantworten, es eventuell an China zurückzugeben.

Die kaiserlich japanische Regierung kündigt gleichzeitig an, daß sie, falls sie nicht bis zum 23. August 1914 mittags von der kaiserlich deutschen Regierung eine Antwort erhalten sollte, die die bedingungslose Annahme der vorstehenden von der kaiserlich japanischen Regierung erteilten Ratschläge enthält, sich genötigt sehen wird, so vorzugehen, wie sie es nach Lage der Sache für notwendig befinden wird. —

Dem japanischen Geschäftsträger wurde darauf am Vormittag des 20. August folgende mündliche Erklärung abgegeben: Auf die Forderung Japans hat die deutsche Regierung keinerlei Antwort zu geben. Sie sieht sich daher veranlaßt, ihren Botschafter in Tokio abzuberufen und dem japanischen Geschäftsträger in Berlin seine Pässe zuzustellen. —

Vom Gouverneur des Schutzgebietes Kiautschou, Kapitän z. S. Meyer-Waldeck, ging in Berlin das Telegramm ein: „Einstehe für Pflichterfüllung bis aufs äußerste."

Aber mindestens schon am 28. Juli, drei Wochen vor Überreichung des eben mitgeteilten Ultimatums, war von Japan im Einverständnis mit England der Überfall von Kiautschou geplant. In den Tagen vom 3. August an wetteifern die japanischen Zeitungen darin, Kiautschou für die Wurzel alles Übels in Ostasien zu erklären. Besonders in der jetzigen Krisis bedrohe Kiautschou beständig die Handelsschiffe aller Nationen, und das würde noch schlimmer werden, wenn erst die deutschen Kreuzer aus Mexiko sich mit denen in Tsingtau vereinigt haben. — Japan sei der Herr im Stillen Ozean und dürfe als solcher dieses Treiben nicht einen Tag länger mit ansehen. Den Sinn, wenn nicht schon den Wortlaut des Ultimatums vom 19. August bringen die Zeitung „Yorozu" bereits am 10. und die „Nichi-Nichi" schon am 11. August.

Vertrag betreffend die Übergabe Tsingtaus an die Japaner (7. November 1914)

§ 1.

Die sämtlichen in der Festung Tsingtau und im Kiautschoubezirk befindlichen deutschen Armee- und Marinepersonen sowie Kriegsfreiwilligen und die zur Armee oder Marine gehörigen Beamten geraten in Kriegsgefangenschaft.

§ 2.

Die in der Festung Tsingtau und im Kiautschoubezirk befindlichen Batterien, Flaggen, Waffen, Munition, staatlichen Gebäude, Pferde, den Verkehrszwecken dienende Gegenstände, die Werft, Wasserversorgungsanstalten sowie sämtliche anderen für militärische Zwecke dienende Materialien, Schriften, Vorräte an Proviant, staatliche Vermögen und deutsche Kriegsschiffe, andere Schiffe, sowie alle hierzu gehörigen Sachen werden in ihrem gegenwärtigen Zustand und in ihrer gegenwärtigen Lage belassen und der japanischen Armee ausgeliefert.

§ 3.

Wenn deutsche Armee- oder andere in Tsingtau lebende Personen nach Beginn der Übergabeverhandlungen die in § 2 bezeichneten Sachen in dem zur Zeit des Beginns der Verhandlungen befindlichen Zustande zerstören und Handlungen zum Schaden der japanischen Armee vornehmen oder in anderer Weise den gegenwärtigen Zustand verändern, so wird die japanische Armee die Verhandlungen entweder einstellen oder den gegenwärtigen Vertrag aufheben und Handlungen nach eigenem Ermessen vornehmen.

§ 4.

Die deutschen Armee- und Marinepersonen sowie Kriegsfreiwilligen und die zur Armee und Marine gehörigen Beamten haben die Waffen zu strecken und mit dem Recht des Tragens der Uniform unter Mitnahme ihrer Privatsachen unter Führung ihrer Offiziere sich an den von der japanischen Armee bestimmten Ort zu begeben. Jedem Offizier wird

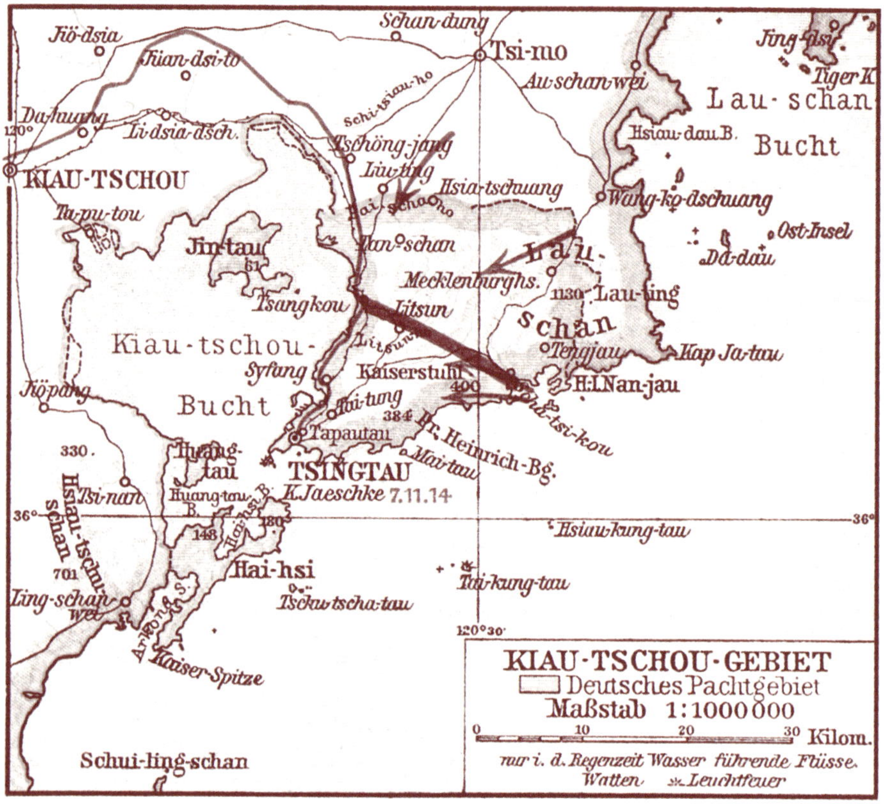

Die japanische Front gegen Tsingtau

Zerstörte Brücke der Schantung-Bahnlinie

die Mitnahme eines Burschen gestattet. Einzelheiten bezüglich des Verfahrens werden von der japanischen Armeekommission bestimmt.

§ 5.

Die in Tsingtau befindlichen deutschen Sanitätspersonen der Armee und Marine werden, soweit es die japanische Armee zur Pflege und Behandlung von Verwundeten und Kranken für notwendig erachtet, einstweilig übernommen, und haben unter dem Kommando der Sanitätsabteilung der japanischen Armee ihren Dienst zu verrichten.

§ 6.

Die Papiere, die sich beziehen auf den Aufenthalt und die Stellung der nicht zur Armee und Marine gehörigen Beamten und Zivilpersonen sowie auf die gewöhnlichen Verwaltungsgeschäfte, das Rechnungswesen, sind zu übergeben. Über Ausführung dieser Übernahme wird in einem besonderen Vertrag im Einzelnen als Zusatz zu diesem Vertrage Bestimmung getroffen.

Dieser Zusatz erlangt Gültigkeit gleichzeitig mit dem Hauptvertrag.

§ 7.

Der vorstehende Vertrag mit dem Zusatzvertrag findet Anwendung auch auf die in der Festung Tsingtau und im Kiautschoubezirk befindlichen österreichischen Armee- und Marineteile.

§ 8.

Der vorstehende Vertrag ist von den japanischen und deutschen Militärbevollmächtigten zu zeichnen und erlangt sofort mit der Zeichnung Gültigkeit.

Dieser Vertrag wird in zwei Exemplaren ausgefertigt und der japanischen und deutschen Armee je ein Exemplar ausgehändigt.

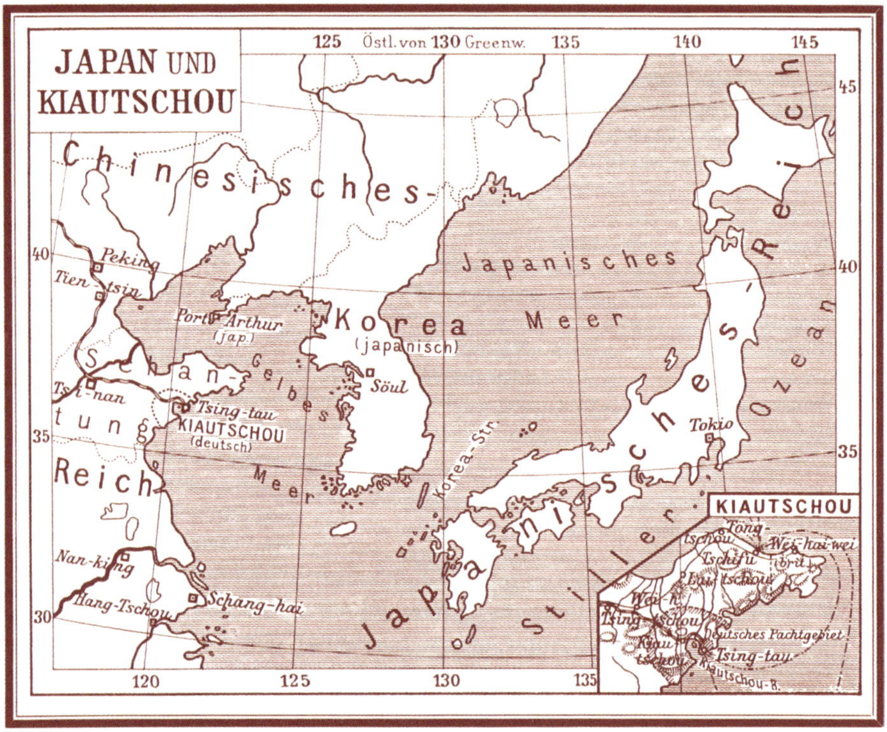

Versenkte Schiffe in der Bucht von Kiautschou

Am 7. Tage des 11. Monats im 3. Jahr der Periode Taisho.

gez. Saxer,
Kapitän zur See
und Chef des Stabes beim Gouvernement Kiautschou und Bevollmächtigter

Bevollmächtigter der japanischen Belagerungsarmee vor Tsingtau
gez. Generalmajor Yamanashi

Bevollmächtigter für die japanische Blockadeflotte vor Tsingtau
gez. Korvettenkapitän Tabashi

Zusatzvertrag

zu dem Vertrage betreffend die Übergabe von Tsingtau

§ 1.

Zwecks Ausführung des Hauptvertrages werden zwischen der japanischen und deutschen Armee folgende Kommissionen eingesetzt:

1. Eine Militärkommission (kenntlich durch eine Armbinde von gelber Farbe), die zu erledigen hat die Übernahme der Forts, Flaggen, Pferde, und im Verkehrswesen gebrauchten Gegenstände der Armeeausrüstungssachen, Munition, Materialien, Karten und Papiere.

2. Eine Marinekommission (kenntlich durch eine Armbinde von blauer Farbe), zur Erledigung der Übernahme der Kriegsschiffe und anderer Fahrzeuge unter Einschluss der im Meer schwimmenden Gegenstände.

3. Eine Kommission für die Intendantur (kenntlich durch eine Armbinde von hellgrüner Farbe), die zu erledigen hat die Übernahme der Fourage und des

Proviants und der staatlichen Materialien mit Ausnahme der Geschäfte, die der Militärkommission obliegen.

4. Eine Kommission zur Entfernung gefährlicher Gegenstände (kenntlich durch eine Armbinde von karmosinroter Farbe), die zu erledigen hat die Entfernung der in der Festung Tsingtau zu Wasser und zu Lande befindlichen Minen sowie andere gefährliche Stoffe.

5. Eine Kommission für die Gefangenen (kenntlich durch eine Armbinde von roter Farbe), die sich mit dem Gefangenenwesen zu beschäftigen hat.

6. Eine Verwaltungskommission (kenntlich durch eine Armbinde von weißer Farbe), die zu erledigen hat die Übernahme der auf die Verwaltung und das Rechnungswesen des Kiautschoubezirkes bezüglichen Akten.

7. Eine Sanitätskommission (kenntlich durch eine Armbinde von irgendwelcher Farbe), die sich mit der Pflege der in Tsingtau befindlichen Verwundeten und Kranken beschäftigt.

§ 2.

Die im vorstehenden Paragraphen erwähnten Kommissionen treten am 10. November, vormittags 10 Uhr, in der Bismarckkaserne zusammen.

Die deutschen Kommissionen legen vor die im nachstehenden bezeichneten Listen, Verzeichnisse und Karten und händigen sie der japanischen Kommission zur weiteren Bearbeitung und Ausführung aus:

1. Die deutsche Militärkommission Verzeichnisse über die in Tsingtau befindlichen Forts, Batterien und der im § 1, erster Absatz, erwähnten Gegenstände.

2. Die Marinekommission Verzeichnisse der im Kiautschoubezirk befindlichen Kriegsschiffe und Handelsschiffe sowie Angabe der Lage der gesunkenen Schiffe.

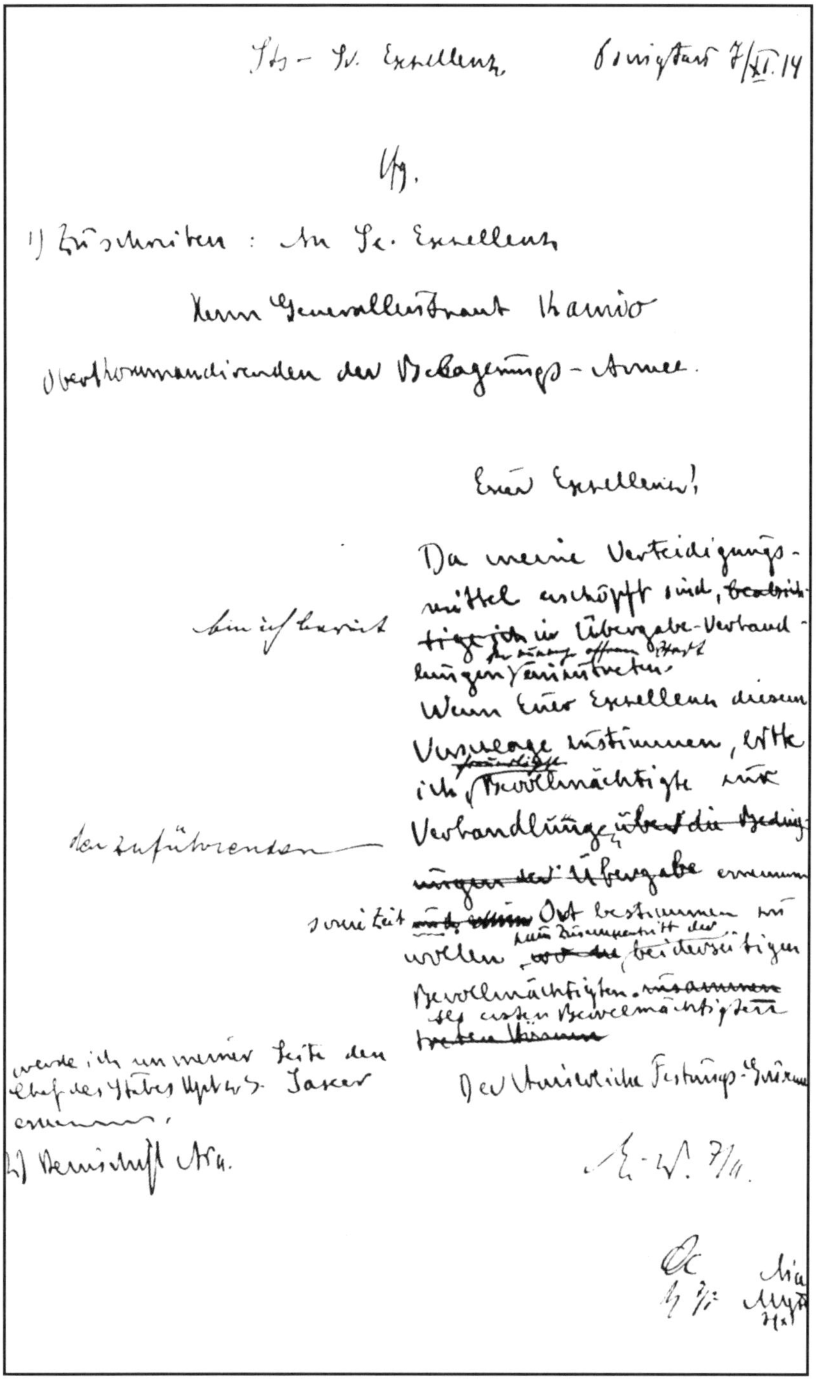
Stb. – Sr. Exzellenz. Tsingtau 7/XI. 14

Abg.

1) Zuschreiben: An Se. Exzellenz

Herrn Generalleutnant Kamio

Oberkommandierenden der Belagerungs-Armee.

Euer Exzellenz!

Da meine Verteidigungsmittel erschöpft sind, ~~beabsichtige ich in~~ bin ich bereit in Übergabe-Verhandlungen zu einem offenen Platz einzutreten.

Wenn Euer Exzellenz diesem Vorschlage zustimmen, bitte ich Bevollmächtigte zur Verhandlung der zuführenden ~~über die Bedingungen der Übergabe~~ ernennen sowie Zeit ~~und~~ Ort bestimmen zu wollen zum Zusammentritt der beiderseitigen Bevollmächtigten. ~~zusammen treten können~~

werde ich von meiner Seite den Chef des Stabes Kptlt. z. S. Saxer ernennen.

Der Kaiserliche Festungs-Gouverneur

M.-W. 7/11.

2) Vermerk ...

Entwurf des Übergabeschreibens von Gouverneur Meyer-Waldeck

3. Die deutsche Intendanturkommission eine Karte über den staatlichen Grundbesitz und der staatlichen Gebäude. Ferner ein Verzeichnis der staatlichen Materialien und des gegenwärtig vorhandenen Proviants.

4. Die Kommission zur Entfernung gefährlicher Gegenstände eine Skizze über die Lage der Land- und Wasserminen sowie anderer gefährlicher Gegenstände.

5. Die Kommission für die Gefangenen ein Verzeichnis der Militär- und Marinegarnison von Tsingtau, der Armee- und Marineoffiziere und Beamten ihrem Range und Namen nach, sowie eine Liste der Kriegsschiffe und ihrer Besatzung.

6. Die Verwaltungskommission ein Verzeichnis der Zivilbeamten von Tsingtau, ihrem Range und Namen nach, und ein Verzeichnis der männlichen und weiblichen Bevölkerung, der Zivilisten, der Bürger von Tsingtau, ihres Gewerbes und des Aufenthaltsortes.

7. Die Sanitätskommission ein Verzeichnis der in den Lazaretten in Tsingtau befindlichen Armee- und Militärpersonen, ihrem Range nach, sowie der Lazarette, der gegenwärtigen Verwundeten und des Sanitätsmaterials.

§ 3.

Zum Zwecke der Übergabe der in § 2 des Hauptvertrages bezeichneten Gegenstände werden die hier befindlichen Offiziere, Unteroffiziere oder Soldaten sowie andere geeignete Persönlichkeiten oder zurückbleibende Personen mit der Ausführung gemäß § 1 betraut.

§ 4.

Die in Tsingtau befindlichen deutschen Armee- und Marinepersonen sowie Kriegsfreiwillige werden unter dem Befehl der japanischen Armee am 10. November, 3 Uhr nachmittags, sich am Südausgang vor Taitungschen zum Abmarsch versammeln, und werden dort von der Kommission für die Gefangenen in Empfang genommen. Die Kriegsgefangenen müssen mit Proviant für zwei Tage versehen sein.

§ 5.

Die deutschen Militär- und Marinepersonen, Kriegsfreiwilligen und zur Armee oder Marine gehörigen Beamten, welche nach dem 8. November, 6 Uhr vormittags, noch Waffen tragen, oder diejenigen, die ohne krank oder verwundet zu sein, den Befehl zur Versammlung im vorstehenden Paragraphen bezeichneten Ort nicht nachkommen, werden eine entsprechende Behandlung durch die japanische Armee erfahren.

§ 6.

Die Gegenstände, die nach § 4 des Hauptvertrages mitgenommen werden dürfen, werden, soweit erforderlich, einer Besichtigung unterzogen.

§ 7.

Beamte, die nicht zur Armee oder Marine gehören, und Bürger haben sich ruhig zu verhalten. Soweit jedoch die japanische Armee die Entfernung solcher Personen für notwendig erachtet, können solche Personen ausgewiesen werden. Wer auf Befehl der japanischen Armee oder aus eigenem Entschluss Tsingtau verlassen will, kann über sein Hab und Gut verfügen oder es mit sich nehmen. Tag und Weg seiner Abreise unterliegt der Bestimmung der japanischen Armee.

Für Familienangehörige der Militärpersonen, Kriegsfreiwilligen oder Beamten der Armee oder Marine, die abzureisen wünschen, wird die japanische Armee die geeigneten Verfügungen treffen.

§ 8.

Die deutsche Kommission, die im Zusatzvertrage § 1, Nr. 6 erwähnt ist, gibt der japanischen Kommission einen Überblick über den früheren und gegenwärtigen Aktenstand an und händigt ihr sämtliche hierauf bezüglichen Akten ein.

§ 9.

Die in Tsingtau befindlichen kranken und verwundeten Militär- und Marinepersonen sowie das Sanitätspersonal und die vorhandenen japanischen Kriegsgefangenen werden am 10. November in ihren gegenwärtigen Quartieren der japanischen Kommission für Verwundete und Kranke übergeben.

Dieser Vertrag ist in zwei Exemplaren von den beiderseitigen Bevollmächtigten unterzeichnet am 7. Tage des 11. Monats im 3. Jahr der Periode Taisho.

gez. Saxer,
Kapitän zur See und Chef des Stabes beim Gouvernement Kiautschou
und Bevollmächtigter

Bevollmächtigter der japanischen Belagerungsarmee vor Tsingtau
gez. Generalmajor Yamanashi

Bevollmächtigter für die japanische Blockadeflotte vor Tsingtau
gez. Korvettenkapitän Tabashi

Die Verteidiger von Tsingtau in japanischer Gefangenschaft

Blick auf Tsingtau

Blick auf die Bucht

Bestimmungen des Versailler Vertrages hinsichtlich des deutschen Schutzgebietes von Kiautschou

Artikel 156

Deutschland verzichtet zugunsten Japans auf alle Rechte, Ansprüche und Vorrechte – insbesondere soweit sie auf das Gebiet von Kiautschou, die Eisenbahnen, die Gruben und Unterseekabel Bezug haben – die Deutschland auf Grund seines Vertrages mit China vom 6. März 1898 sowie durch alle sonstigen die Provinz Schantung betreffenden Abkommen erworben hat.

Alle deutschen Rechte an der Eisenbahn Tsingtau-Tsinanfu samt Zweigstrecken einschließlich des Zubehörs jeder Art, der Bahnhöfe, der Lagerräume, des festen und rollenden Materials, der Gruben, ihrer Betriebsanlagen und ihres Betriebsmaterials werden und bleiben mit allen zugehörigen Rechten und Vorrechten japanisches Eigentum.

Die Unterseekabel des Deutschen Reiches von Tsingtau nach Schanghai und von Tsingtau nach Tschefu gehen mit allen dazugehörigen Rechten, Vorrechten und Eigentumsrechten gleichfalls völlig frei und unbelastet auf Japan über.

Artikel 157

Die Rechte beweglicher und unbeweglicher Art, die das Deutsche Reich im Kiautschougebiet besitzt, sowie alle seine etwaigen Ansprüche aus mittelbar oder unmittelbar im Interesse dieses Gebiets vorgenommenen Arbeiten oder Verbesserungen oder gemachten Aufwendungen werden und bleiben völlig freies und unbelastetes japanisches Eigentum.

Artikel 158

Binnen drei Monaten nach Inkrafttreten des gegenwärtigen Vertrags übergibt Deutschland Japan sämtliche Archive, Register, Pläne, Belege und Urkunden jeder Art der Zivil-,

Militär-, Finanz-, Gerichts- oder sonstigen Verwaltung Kiautschous ohne Rücksicht auf den Aufbewahrungsort.

Binnen der gleichen Frist gibt Deutschland Japan sämtliche Verträge, Abkommen oder Vereinbarungen kund, die sich auf die von den beiden vorstehenden Artikeln betroffenen Rechte, Ansprüche oder Vorrechte beziehen.

Einzug japanischer Truppen in Tsingtau

Das deutsche Postamt in Tsingtau

ANHANG

Kaiserinwitwe Tzushi,
Regentin von China 1875–1908

Zeittafel

1820 – 1850	Kaiser Daoguang von China
1840 – 1842	Erster Opiumkrieg zwischen Großbritannien und China
1850 – 1861	Kaiser Xianfeng
1850	Beginn der Taiping-Rebellion in der Provinz Guangshi
1852	Die Konkubine Yehe Nara (Tzushi) kommt an den Kaiserhof
1853	Nanking wird Hauptstadt des Taiping-Reiches
1856	Tzushi bringt den Thronfolger zur Welt
1858 – 1860	Zweiter Opiumkrieg: Großbritannien, Frankreich und die USA gegen China
1860	Besetzung Pekings durch westliche Truppen, Plünderung des kaiserlichen Sommerpalastes Yuanming Yuan
	Expedition der preußischen Kriegsschiffe „Arcona“, „Thetis“ und „Frauenlob“ nach China
1861	Handelsvertrag zwischen Preußen und China
1861 – 1874	Kaiser Tongshi
1864	Niederschlagung der Taiping-Rebellion durch chinesische Regierungstruppen und ausländische Verbände unter Charles G. Gordon
1868 – 1871	Ferdinand von Richthofen unternimmt sieben große Reisen nach China

Tempelanlage in der Stadt Kiautschou

Fischerdorf in Schantung

Chinesische Gaukler und Quacksalber

1870	Massaker von Tianjin an französischen Missionaren
1874 – 1908	Kaiser Guangshu
1875	Tzushi übernimmt die Regentschaft
1886	Die deutsche Reichspost eröffnet Filialen in China
1887	Rong Lu, ein enger Vertrauter Tzushis, wird Oberbefehlshaber der kaiserlichen Truppen
1894 – 1895	Niederlage Chinas im Krieg gegen Japan, Friede von Shimonoseki

1896 Untergang von S.M.S. „Iltis“ in einem Taifun vor der Küste Schantungs

Höhlentempel bei Tsingtau

1897 Besetzung der Bucht von Kiautschou durch das deutsche Ostasiengeschwader unter Konteradmiral Otto von Diederichs

1898 „Reformversuch der 100 Tage“ in Peking wird durch Tzushi beendet

Pachtvertrag zwischen Deutschland und China über die Bucht von Kiautschou, Einrichtung eines Schutzgebietes, Eröffnung einer deutschen Postagentur in Tsingtau

1899 Eröffnung eines Stadtfernsprechdienstes in Tsingtau

1900	Boxeraufstand, Belagerung der ausländischen Gesandtschaften in Peking, Plünderung der Verbotenen Stadt durch alliierte Truppen, Flucht des Kaiserhofes
	Anschluss des deutschen Pachtgebietes an das Welttelegraphennetz
1901	Einführung der ersten deutschen Kolonialmarken in Kiautschou, Eröffnung der Bahnstrecke Tsingtau – Kiautschou
1902	Rückkehr des Kaiserhofes nach Peking
1904	Eröffnung der Mole I des neuen Überseehafens für Ozeandampfer in Tsingtau
1907	Herausgabe eigener Banknoten durch die Deutsch-Asiatische Bank in Tsingtau
1908	Tod der Kaiserinwitwe Tzushi
1908 – 1912	Kaiser Puyi
1909	Eröffnung der Deutsch-Chinesischen Hochschule in Tsingtau
1911	Militärputsch in Wuchang, Auftakt zur Revolution
1912	Sun Yatsen ruft die Republik China aus, Abdankung der kaiserlichen Regierung
1914	Beginn des Ersten Weltkrieges, Eroberung Tsingtaus durch japanisch-britische Truppen

Literaturverzeichnis

Jork Artelt, Tsingtau. Deutsche Stadt und Festung in China 1897–1914, Düsseldorf 1984.

Walther Beckmann (Hrsg.), Unsere Kolonien und Schutztruppen. Das Ehrenbuch der Überseekämpfer, Berlin 1934.

Karl Dove u. a. (Hrsg.), Das überseeische Deutschland. Die deutschen Kolonien in Wort und Bild, Stuttgart u. a. o.J.

Georg Franzius, Kiautschou. Deutschlands Erwerbung in Ostadien, 3. Aufl., Berlin 1898.

Heiko Herold, Deutsche Kolonial- und Wirtschaftspolitik in China 1840 bis 1914. Unter besonderer Berücksichtigung der Marinekolonie Kiautschou, 2., verb. u. erw. Aufl., Köln 2006.

Hans-Martin Hinz/Christoph Lind (Hrsg.), Tsingtau. Ein Kapitel deutscher Kolonialgeschichte in China 1897–1914, Eurasburg 1998.

Kaiser-Wilhelm-Dank-Verein der Soldatenfreunde (Hrsg.), Deutschland als Kolonialmacht. Dreißig Jahr deutsche Kolonialgeschichte, Berlin 1914.

J. Langenberg, Der Untergang S.M. Kanonenboot „Iltis“ am 23. Juli 1896, Minden 1905.

Gunther Plüschow, Die Abenteuer des Fliegers von Tsingtau. Meine Erlebnisse in drei Erdteilen, Berlin 1916.

Heinrich Schnee, Deutsches Koloniallexikon, 3 Bde., Leipzig 1920.

Walter von Schoen, Deutschlands Kolonialweg. Die Geschichte unserer Schutzgebiete, Berlin 1939.

Hans Weicker, Kiautschou. Das deutsche Schutzgebiet in Ostasien, Berlin 1908.